# POSSO CRER NO AMANHÃ

HELIO ZAMPIER NETO

# POSSO CRER NO AMANHÃ

*Relato de superação e esperança de Neto, sobrevivente da Chapecoense*

©2017, Helio Zampier Neto

EDITORA VIDA
Rua Conde de Sarzedas, 246 – Liberdade
CEP 01512-070 – São Paulo, SP
Tel.: 0 xx 11 2618 7000
atendimento@editoravida.com.br
www.editoravida.com.br

Todos os direitos desta obra reservados por Editora Vida.

PROIBIDA A REPRODUÇÃO POR QUAISQUER MEIOS, SALVO EM BREVES CITAÇÕES, COM INDICAÇÃO DA FONTE.

Todos os grifos são do autor.

Imagens cedidas pela Associação Chapecoense de Futebol e do acervo pessoal do autor.

Scripture quotations taken from Bíblia Sagrada, Nova Versão Internacional, NVI®.
Copyright © 1993, 2000, 2011 Biblica Inc.
Used by permission.
All rights reserved worldwide.
Edição publicada por Editora Vida, salvo indicação em contrário.

Editor responsável: Gisele Romão da Cruz Santiago
Assistente editorial: Amanda Maiara Santos
Preparação de texto: Sônia Freire Lula Almeida
Assistente de preparação: Adriana Seris da Cruz
Revisão de provas: Josemar de Souza Pinto
Projeto gráfico e diagramação: Claudia Fatel Lino
Capa: Mauricio Diaz (Arte Peniel)

Todas as citações bíblicas e de terceiros foram adaptadas segundo o Acordo Ortográfico da Língua Portuguesa, assinado em 1990, em vigor desde janeiro de 2009.

1. edição: set. 2017

**Dados Internacionais de Catalogação na Publicação (CIP)**
**(Câmara Brasileira do Livro, SP, Brasil)**

Zampier Neto, Helio
  Posso crer no amanhã : relato de superação e esperança de Neto, sobrevivente da Chapecoense / Helio Zampier Neto. -- São Paulo : Editora Vida, 2017.

  ISBN: 978-85-383-0361-9

  1. Acidentes aéreos 2. Associação Chapecoense de Futebol - Chapecó (SC) 3. Esperança 4. Fé 5. Jogadores de futebol - Autobiografia 6. Sobreviventes - Relatos 7. Superação 8. Zampier Neto, Helio I. Título.

17-06772                                                   CDD-927.96334

**Índices para catálogo sistemático:**

1. Chapecoense : Jogadores de futebol : Sobreviventes de acidentes aéreos : Narrativas pessoais    927.96334

Esta obra foi composta em *Arno Pro*
e impressa por Imprensa da Fé sobre papel
Chambril Avena 70 g/m² para Editora Vida.

Para Deus.

Para os meus pais e irmãos.

Para a minha esposa, Simone, e os meus filhos, Helam e Helen.

Para todos os meus amigos.

Para todos que oraram por mim, tanto os que conheço pessoalmente como os que não conheço, pois somente estou vivo graças à resposta da sua intercessão.

Para todos os que não sobreviveram àquele acidente, principalmente
**jogadores**,
**comissão técnica**,
**diretoria**
e **todos os funcionários**
da Chapecoense.
Juntos, nós vivemos aqui em Chapecó os melhores momentos da minha vida profissional.

HELIO ZAMPIER NETO

# SUMÁRIO

*Apresentação* .................................................................. 11

**CAPÍTULO 1** A vida em retrospectiva ............................................... 15

**CAPÍTULO 2** Uma defesa histórica e um acidente
sem precedentes ................................................................ 71

**CAPÍTULO 3** O campeão voltou! .................................................... 99

**CAPÍTULO 4** Enfrentando o meu gigante ............................................ 115

**CAPÍTULO 5** A guinada da fé ....................................................... 125

**PRÓXIMO CAPÍTULO** A vida não acabou ............................................. 133

Mensagem de esperança ........................................................ 143

Apêndice — Depoimentos de médicos
e da imprensa ................................................................... 149

Agradecimentos ................................................................. 167

Fotos ............................................................................ 169

Só existem duas maneiras de viver a vida:
A primeira é vivê-la como se milagres não existissem.
A segunda é vivê-la como se tudo fosse milagre.
ALBERT EINSTEIN[1]

---

[1] Extraído de *O milagre da vida*, poema de autoria atribuída a Albert Einstein.

# APRESENTAÇÃO

Futebol é uma paixão! Certamente é o esporte capaz de levar as maiores multidões a atravessar oceanos só para torcer fervorosamente pela equipe do coração e vê-la tornar-se campeã. Quando o campeonato é internacional, então, corações fervilham de emoção tanto de perto quanto de longe, não importa nem mesmo se o jogo é transmitido de madrugada. O importante é ser um com o time!

Em 2016, quando a Associação Chapecoense de Futebol, um time do interior de Santa Catarina, depois de apenas três anos na série A do Brasileirão, conseguiu a façanha de não apenas se classificar, mas de chegar às finais da Copa Sul-Americana, os brasileiros adotaram a Chape; a Chapecoense era o Brasil. Praticamente não importava qual era a camisa pela qual se soltavam gritos de amor e lágrimas de emoção — todos eram Chape!

Em meio à festa de realizar um sonho, em 29 de novembro de 2016, o Brasil acorda com a notícia de que, durante a noite anterior, o avião que levava o sonho sumira do radar. Não somente isso, uma queda, de fato, ocorrera. Por todo o Brasil, milhões de corações se uniram em compaixão e oração, pedindo para que aquilo fosse mentira, para que os jovens heróis estivessem apenas perdidos na mata depois de um pouso forçado.

Enquanto isso, dezenas de centenas de voluntários se mobilizavam nos arredores de Medellín. Eram os corações colombianos correndo contra o tempo em busca da vida. As condições climáticas e o acesso ao local eram difíceis. Chuva, muita chuva, muito frio, mata fechada. Era preciso correr! E eles correram! Eles fizeram exatamente tudo, como se ali estivesse o Atlético Nacional, de Medellín. Agora a Chapecoense também era deles. Nesse instante, Brasil e Colômbia se tornaram um único coração, um único desejo, uma única busca.

Em meio às informações ainda desencontradas e ao cenário que se desenhava de catástrofe absoluta, surge um clamor. Milhões de pessoas, no Brasil, na Colômbia, e por todo o mundo, pedem a Deus um milagre. Somente um milagre poderia trazer "nossos meninos" de volta.

Duas horas depois, conforme surgia a possibilidade de vida, o clamor aumentava e também a expectativa. Surge, então, o primeiro nome, Alan Ruschel, lateral esquerdo, está vivo. Crescem as expectativas e outros nomes são anunciados: o goleiro Jackson Follmann, o radialista Rafael Henzel, a comissária Ximena Suárez e o técnico de voo Erwin Tumiri. Mas, por falta de condições climáticas, as buscas por sobreviventes são dadas como encerradas. Apito final. Um coração, contudo, ainda lutava, e quase oito horas depois do impacto, mesmo depois de oficialmente encerradas as buscas, o zagueiro Neto foi encontrado com vida.

*Posso crer no amanhã*[1] é uma celebração à vida de Neto! Durante cerca de dez dias, Helio Hermito Zampier Neto, zagueiro

---

[1] Por entender a relevância de *Posso crer no amanhã* como uma história que precisa ficar registrada, a Editora Vida firmou contratualmente que 100% do lucro gerado por esta obra será doado para fins beneficentes destinados pelo próprio jogador.

*Apresentação*

da Chapecoense, aos 31 anos, casado com Simone e pai de Helam e Helen, lutou e sobreviveu a uma tragédia que levou 71 vidas. Entre aqueles que nos deixaram, dezenas eram amigos pessoais de Neto.

Esta obra conta o relato emocionante de superação e esperança de Neto, enriquecida pela colaboração de pessoas que participam ativamente da vida do atleta, entre eles: Simone, a esposa; dona Valéria, a mãe; Leonardo, o irmão mais velho; Carlos, amigo e pastor, bem como médicos que estiveram em Medellín — dr. Mendonça, dr. Fabiano e dr. Sonagli —, cuidando do Neto, um fisioterapeuta — Guilherme — e a assessora de imprensa — Sirli —, que também é viúva de uma das vítimas. Inclui também o relato de Marlon Lengua, o policial que encontrou Neto em meio aos destroços.

Assim como acontecem os passes num jogo de futebol, Neto aqui "bate bola" com seus convidados, dando vez a diversos pontos de vista sobre sua vida e carreira, o que contribui para uma leitura dinâmica e inspiradora.

Visitar a acolhedora Chapecó faz-nos entender como uma cidade inteira pode "respirar" um clube. Por todos os lugares que se passa há uma bandeira, uma faixa, uma camisa, um adesivo, uma frase. Clube e cidade estão intrinsecamente tão ligados que a Arena Condá parece ser o coração do lugar! Quando se conversa com um morador, logo a paixão "entra em campo", e a Chapecoense se torna o assunto.

Contudo, *Posso crer no amanhã* revelará ao público que a história do atleta Neto vai além do relato de um sobrevivente. Os altos e baixos da carreira de atleta, os sonhos de vida e as necessidades humanas entram em conflito em uma vida repleta de situações que vão sendo superadas.

Querido leitor, seja bem-vindo a uma jornada de superação, esperança e fé que levará você a reavaliar as prioridades da sua vida, dando lugar àquilo que realmente importa. Quaisquer que sejam os desafios, sempre há como recomeçar e ir além do que todos à sua volta creem ser o limite do possível.

GISELE ROMÃO DA CRUZ SANTIAGO
*Editora-chefe*

## CAPÍTULO 1

# A VIDA EM RETROSPECTIVA

Bíblia de Neto é encontrada aberta no salmo 63 pelo repórter Cabrini em meio aos destroços do avião.

*Ó Deus, tu és o meu Deus,*
*eu te busco intensamente;*
*a minha alma tem sede de ti!*
*Todo o meu ser anseia por ti,*
*numa terra seca, exausta e sem água.*

*Quero contemplar-te no santuário*
*e avistar o teu poder e a tua glória.*
*O teu amor é melhor do que a vida!*
*Por isso os meus lábios te exaltarão.*
*Enquanto eu viver te bendirei,*
*e em teu nome levantarei as minhas mãos.*
*A minha alma ficará satisfeita*
*como quando tem rico banquete;*
*com lábios jubilosos a minha boca te louvará.*

*Quando me deito, lembro-me de ti;*
*penso em ti durante as vigílias da noite.*
*Porque és a minha ajuda,*
*canto de alegria à sombra das tuas asas.*
*A minha alma apega-se a ti;*
*a tua mão direita me sustém.*

Salmos 63.1-8

Desde que eu me conheço por gente, a minha primeira recordação jogando bola foi com o meu pai. Hoje ele já é um homem de certa idade, mas, quando era jovem, que emoção! Ele me levava para jogar, muitas vezes nas costas, como se dizia no Rio, "na carcunda". Eu via o mundo lá de cima e o cenário me fascinava.

— Vamos comigo, filho? Vamos comigo, Netinho?

— Eu quero ir. Eu quero ir. Eu quero ir...

O meu "velho" costumava jogar do lado da Pavuna, no Acari, e também em outros campos improvisados, como muitos que existem no Rio de Janeiro. E lá estavam seus amigos de longa data. Como todos podiam ver, ele jogava muito bem, embora nunca tivesse jogado profissionalmente.

Eu ficava de longe olhando-o jogar e achava o máximo. O máximo do máximo. "Um dia quero ser igual ao meu pai. Quero jogar muito futebol. Quero ser bom de bola", pensava comigo.

— Você gosta de futebol? Se você jogar 10% do que o seu pai joga, vai virar um craque — alguns me desafiavam.

Ou então:

— Se jogar só um pouquinho do que o seu pai joga, vai virar um bom jogador!

"Nossa, o meu pai joga muito! Todo mundo sabe disso!", eu pensava.

Depois que peguei aquele amor pelo futebol, ficava chutando bola e brincando no quintal de casa, junto com Lanzinho, meu irmão. E o meu pai era o grande modelo.

Ser hoje um jogador profissional em grande parte se deve à sua insistência e inspiração. Sua paixão pelo futebol acabou me contagiando. As peladas, as amizades, as andanças pelo Rio, a infância com os meus irmãos — tudo se transformou em algo do qual me alegro e creio que o deixa orgulhoso. Valeu, pai!

> ❝ Sempre que faço a mala do Neto antes de um jogo, a primeira pergunta que ele me faz é se coloquei a Bíblia dentro da mala. E, quando ele prepara a bagagem, também é o primeiro item que guarda.

> **SIMONE ZAMPIER**[2]
> 
> O repórter Cabrini tinha ido ao local do acidente e com permissão da polícia pôde ver os destroços do avião. Em meio a tudo isso, encontrou justamente a Bíblia do Neto. Receber do Cabrini essa Bíblia foi uma mistura de emoções. Nós ainda estávamos no primeiro hospital em que o Neto tinha sido internado e ele estava realmente mal. Ao receber a Bíblia, tive dois sentimentos contraditórios... como posso explicar? Tive medo e ao mesmo tempo ansiedade. Fiquei com medo de ficar apenas com aquela lembrança dele, de ter apenas sua Bíblia, mas não o meu marido. E ansiedade para que ele acordasse logo, porque pensei: 'Não. Ele vai ficar bem, e eu vou entregar esta Bíblia para ele pessoalmente'.**"**

> "Quando me deito, lembro-me de ti; penso em ti durante as vigílias da noite. Porque és a minha ajuda, canto de alegria à sombra das tuas asas. A minha alma apega-se a ti; a tua mão direita me sustém."

Estar em coma é ser sustentado. É estar nas mãos de pessoas que literalmente nos levantam e deitam, que nos levam de um lugar a outro. Em todos os sentidos, estar em coma é ter mãos que nos apoiam e ajudam a sair da falta de sintonia ou de conexão com o mundo exterior. É sentir-se vulnerável e entender que dependemos de Deus e de pessoas.

O mundo interior, no entanto, parece estar vivo. É como ver imagens após imagens num sonho que nunca se acaba.

Mas Alguém, sobretudo, me susteve. O meu Criador me levantou de um poço profundo quando aparentemente não havia solução nem melhora. Durante uma noite terrível e escura, eu fui preservado e hoje posso finalmente descansar *à sombra de suas asas*.

---

[2] Simone é a esposa do Neto. [N. do E.]

Acordei depois de algum tempo que eu não podia mensurar. Segundo me disseram, uns dez dias depois do choque. Ao que tudo indicava, eu estava em um hospital. Pelo menos era o que parecia. De frente para mim, enquanto abria os olhos, vi a Simone. Ela estava lá, como sempre. Vi o meu pai. Vi o meu irmão mais velho, Leonardo; o meu pastor, o pastor Carlos, que me batizou em Santos; e também os médicos brasileiros, Edson, Sonagli e Mendonça.

— Deus esteve comigo o tempo todo. Ele esteve comigo o tempo todo... — disse em algum momento depois de acordar. E repeti essa frase muitas vezes.

A minha esposa pensou que eu tivesse me lembrado do acidente. Mas eu não me lembrava de nada. Na verdade, eu vi ou ouvi alguma coisa da parte de Deus, mas não conseguia me lembrar exatamente o que tinha sentido ou visto. Só tinha na cabeça uma imagem de acordar e dizer que Deus estivera comigo o tempo todo.

Aos poucos fui recobrando a vista, sem saber como tinha ido parar ali. Que hospital era aquele? Não sabia o que tinha acontecido e olhava ao redor tentando recompor algo que havia perdido, acontecimentos dos quais não conseguia recordar.

O hospital era diferente, com gente diferente e uma língua desconhecida.

Tentava ouvir e entender o que os médicos e os enfermeiros diziam. Falavam em espanhol. Isso me fez lembrar o motivo de eu ter parado ali. Isso queria dizer que estava em um hospital fora do Brasil, o que aumentou ainda mais a minha curiosidade... Logo começaram a surgir perguntas: como e por que eu estava em um hospital. Era como se eu tivesse ido ao treinamento, dormido e acordado em um lugar muito diferente.

De repente, percebi a presença do médico da Chapecoense, o doutor Mendonça. Ele estava usando uma camiseta com o símbolo da Chape. Perguntei a ele o que estava acontecendo. Não me lembrava de nada.

Olhei de novo para a camisa da Chapecoense e uma nova lembrança surgiu. Sim, a final da Sul-Americana. Eu só me lembrei do jogo depois que o vi. Pensei comigo: "Aqui tinha um jogo. Eu vim aqui para jogar". A tão esperada final contra o Atlético Nacional, de Medellín. Quis saber imediatamente o que tinha acontecido comigo e se eu havia sofrido alguma lesão no jogo. Era a única explicação que eu encontrava para estar hospitalizado.

— Sim, você se machucou no jogo, Neto. — Foi sua resposta.

— Então, quanto é que foi a final? Quanto é que foi o jogo? — é sempre o resultado o que mais interessa a um jogador.

— Não sei, Neto. Eu só vim aqui ver você. Você sofreu uma lesão muito grave, por isso peguei o avião para ver como você está.

Em algum momento, ele me disse:

— Neto, lembra o que você dizia para mim?

— O que, doutor?

— Você sempre me dizia: "Deus é bom demais, doutor!". Deus é bom mesmo, Neto!

Mas eu não sabia a que ele se referia. Ele já estava me preparando para me contar o sucedido. Só sei que foi tranquilizador ouvi-lo me lembrar do que eu costumava dizer a ele. Todas as vezes que eu ia ao consultório do doutor Mendonça, costumava dizer que Deus era bom. E, como eu não me lembrava de nada, acreditei por um momento no que ele me disse sobre a lesão e pensei que realmente devia estar muito machucado.

> **SIMONE**
> 
> **“** O Neto ficou desacordado entre o dia 28 de novembro, o dia do acidente, e o dia 10 de dezembro. No dia 10, ele foi desentubado e começou a falar alguma coisa, com dificuldade. **”**

**“**No terceiro dia em que estávamos na Colômbia, o doutor Mendonça e outros dois médicos fizeram um procedimento cirúrgico na perna esquerda do Neto. Durante o procedimento, ficamos muito apreensivos, mas assim que acabou eles nos mandaram chamar. A primeira palavra do doutor Mendonça foi: 'A perna do Neto está boa. Ele vai poder jogar novamente'.

Começamos a chorar e nos sentimos tão pequenos que ali mesmo começamos a agradecer a Deus pela vitória, mas sabíamos que havia outra batalha a ser vencida: seu pulmão.

Todos os dias víamos os médicos, porque estávamos hospedados no mesmo hotel. Tomávamos café e jantávamos juntos. Os médicos brasileiros, Mendonça, Edson e Marcos, foram verdadeiros anjos de Deus, pois nos decodificavam os procedimentos técnicos e o que os médicos colombianos pensavam fazer.

Cada vez que os médicos se reuniam para tomar uma decisão, víamos que havia riscos e era preciso avaliar a melhor saída. Tínhamos medo de perder o Neto, porque ele não estava nada bem.

Nos dez primeiros dias, o quadro dele não mudou muito, mas corria o risco de piorar por causa de uma bactéria que se alojava no pulmão e que a cada dia se tornava mais resistente aos medicamentos e antibióticos que lhe eram ministrados.

As notícias que chegavam ao Brasil causavam dúvidas e pânico nos familiares e amigos. Mas, no final das contas, o maior problema estava concentrado no pulmão. Neto precisava vencer aquela bactéria e voltar a respirar sem a ajuda de aparelhos, que naquele momento eram responsáveis por cerca de 90% de sua respiração. Ele tinha dois drenos nos pulmões e também liberava uma secreção que depois de algum tempo deveria ser aspirada.

Esteve conosco o neurologista Pagura, do Hospital Albert Einstein. Segundo seu diagnóstico, o Neto não tinha nenhuma sequela no cérebro, mesmo que tivesse perdido parte do couro cabeludo e estivesse com um dreno no crânio. Depois de testes neurológicos e de ver que o paciente respondia bem, ficaram tranquilos. A cada momento, vivenciávamos um milagre."

PR. CARLOS ALBERTO DE SANTANA[3]

## O sonho de ser jogador

*Eu sempre tive o sonho de ser um jogador de futebol, mas, enquanto criança, nunca cheguei a fazer testes para ver se realmente seria bom nisso. Quando comecei a crescer, jogava como atacante. Fazia gols, mas não era bem-sucedido nos testes que fazia. Durante muito tempo, até pensei em trabalhar em outra área, menos ser jogador de futebol, embora guardasse lá no fundo esse sonho.*

*A minha trajetória no futebol foi bastante difícil, porque eu pensava que não teria futuro, embora sempre tivesse jogado na equipe da escola na qual estudava e tenha chegado a fazer parte das seleções escolares. Quando tinha uns 17 anos, comecei a jogar como amador. Foi aí que tudo começou. O time amador era o Pavunense, da Pavuna, Rio de Janeiro, o bairro onde nasci e fui criado. Do esporte amador, eu saí para um time de categoria de base, o Francisco Beltrão, do Paraná, em agosto de 2003. Logo*

---

[3] Carlos é pastor e amigo da família, e os acompanha desde a época em que Neto jogava no Santos. [N. do E.]

depois, fui para a base do Paraná Clube em 2004 e saí pouco tempo depois, deixando de jogar algum tempo.

Mas o meu pai, que sempre me motivou a ser jogador, insistia para que eu voltasse a jogar futebol. Em 2004, ainda fui levado para o Olaria, onde fiz um dia de teste, e, como me saí bem, o empresário que me acompanhava resolveu me levar para o Vasco.

No Vasco da Gama, fiquei cerca de quatro meses treinando todos os dias, mas com a dúvida de que seria contratado ou não. Como não havia muitas oportunidades, acabei desistindo mais uma vez de jogar. Outro empresário acabou me vendo jogar entre amigos e me disse que, se eu quisesse, me levaria para o Francisco Beltrão.

Eu já tinha passado pelo Beltrão em 2003. Afinal, foi o primeiro clube em que comecei a jogar de verdade. E agora aparecia um empresário que eu nem conhecia querendo me levar para o mesmo time. Foi do Beltrão que eu subi para o futebol profissional e iniciei a carreira no futebol.

Até chegar à Chapecoense, em 2015, eu passei por outros clubes, como o Foz do Iguaçu, o Cianorte e o Guarani, este de Campinas. Depois fui emprestado para o Metropolitano, de Blumenau, e voltei em 2010 para o Guarani, onde fiquei até 2012. Em 2013, fui para o Santos Futebol Clube e finalmente cheguei à Chapecoense, que considero a minha casa.

> ❝ O Neto significa muito para a nossa família. Na época em que jogava no Santos Futebol Clube, não foram poucas as vezes em que ele passava em casa quando voltava de uma viagem ou de um jogo fora. Sempre aparecia. Esse vínculo afetivo se tornou tão forte que, mesmo depois de eles terem ido para Chapecó, a minha esposa, que nunca gostou de viajar, colocou na agenda visitar o casal e as crianças duas vezes por ano em Santa Catarina.

> Quando vinha para Santos, ele gostava de ficar na nossa casa, mesmo que para isso tivesse que colocar um colchão na sala para dormir. Ficava à vontade, e eram grandes a alegria e liberdade que tinha conosco.
>
> O apego chegou a ser tão forte que, quando a minha esposa recebeu a notícia do acidente, sua pressão arterial subiu para 20 por 16. Ela também precisou de ajuda médica, e nossa filha, que é estudante de enfermagem, ficou com ela. Mesmo assim, ela foi a primeira a concordar que eu fosse com a Simone para a Colômbia.
>
> Foi o meu filho que, ao saber que o Neto estava vivo, correu para a igreja para me dar a notícia. Ambos pudemos agradecer a Deus com alegria por tamanho milagre."

PR. CARLOS

### "Deus estivera comigo o tempo todo. Sempre."

Além do médico do clube, o doutor Marcos Sonagli também foi para a Colômbia. Ele tinha operado a minha cervical cinco meses antes do acidente. Tudo aconteceu quando eu jogava no Campeonato Catarinense e tive uma contusão na cervical, ocasionada por um choque com outro jogador. Eu caí no chão e perdi os movimentos das pernas. Precisei ser atendido por um especialista em coluna, porque fiquei com uma hérnia na cervical que estava comprimindo a medula.

Foi com o doutor Marcos Sonagli que fiz o tratamento na região cervical antes de voltar a jogar bola. Acabei passando por uma cirurgia e, para muitos, eu jamais voltaria a jogar futebol. No entanto, o médico me dizia que eu voltaria. Ele me incentivou tanto que lhe dei a minha primeira camisa como jogador depois que me recuperei e voltei a jogar.

Foi grande sua felicidade por me ver em campo. Por isso, quando o vi na Colômbia sem saber do acidente nem do que estava acontecendo, disse a ele:

— Doutor Marcos, o senhor por aqui? O que está acontecendo? Veio aqui só para me ver?

— Sim, eu vim ver você, rapaz! Vim pegar o autógrafo na camisa que você me deu!

— Sério?

— Sério. Eu a trouxe comigo — disse ele me mostrando a camisa. — Olha! Vim ver como você estava, como está a lesão e pegar o seu autógrafo.

Uau! Para começar, eu me senti muito importante! Pensei comigo: "Meu Deus! O médico veio para a Colômbia para pegar um autógrafo!". Mas depois pensei: "Então devo ter tido uma lesão muito séria".

Claro que ele queria me acalmar para que eu pudesse me recuperar mais rápido.

Os dias foram passando e me dei conta de que não tinha sofrido lesão nenhuma no jogo. Nenhuma falta ou lesão poderia ser tão grave a ponto de me deixar daquele jeito. Pelo menos, eu já sabia o que não era, e isso era um bom começo. Depois eu soube que ele também estava lá para ver o Alan, que tinha um problema de coluna. Quando soube que queriam me operar da coluna, enquanto eu ainda estava em coma, a Simone ligou para o doutor Marcos Sonagli e pediu que ele fosse à Colômbia porque tinha medo de uma segunda cirurgia.

Foi reunida uma equipe de voluntários, e nela estava o doutor Marcos. O doutor Mendonça, médico do clube, entrou em contato com ele e pediu para que se unisse ao grupo, pois ele já tinha se disponibilizado. Foi tranquilizador para a Simone receber a mensagem que ele enviou: "Simone, estou indo para aí. Fica tranquila, que ninguém vai operar o Neto, se ele não tiver que ser operado. Fica tranquila!".

O doutor Marcos Sonagli ficou na Colômbia até o dia em que eu recebi a notícia do acidente e voltou com o Follmann para o Brasil. Foi bom demais tê-lo nessa equipe!

Vinham muitas coisas à minha cabeça. Cheguei a pensar que provavelmente eu não tivesse jogado por causa de um atropelo. Outra cena aterrorizadora que me veio à mente foi que a torcida do Atlético Nacional tivesse invadido o campo e me agredido.

Depois de assistirmos a algumas partidas do Atlético, comentamos que isso seria possível, porque o espaço da torcida ficava à beira do campo. Não é como no Brasil, ou em estádios mais antigos, em que há um fosso que separa a torcida do campo. Não era o caso. No estádio do Atlético, as cadeiras ficam praticamente dentro do campo. Em outras palavras, se a torcida quisesse invadir, seria muito fácil.

Por isso, não consegui evitar pensar que eu tivesse sido espancado pela torcida, porque o médico tinha me dito que eu tinha me machucado no jogo.

Depois de dez ou onze dias de coma, recém-acordado, percebi que não tinha tido nenhuma lesão na partida. Como estava muito debilitado, não conseguia me expressar bem. Tinha drenos nos pulmões, a perna estava toda grampeada e sentia muitas dores no corpo todo. Nada disso encaixava com uma lesão normal de jogo.

— Chega de mentiras! Vocês estão escondendo algo. Quero saber toda a verdade!

Briguei com todos eles. Com meu pai. Com a Simone.

— Por que você está mentindo para mim? — disse a ela. — Quem ama não mente. Você disse que me amava; então diga a verdade. Não é o que eu espero de você. Eles podem mentir, você não.

Nada. Não adiantou pressionar.

> **❝** A única coisa que podíamos fazer em Medellín era orar, orar e estar ao lado do Neto. Nada era mais importante e necessário que depender de Deus. A Simone, muitas vezes, não queria comer nem dormir. Só queria estar ao lado dele.

Dez dias se passaram e ele ainda estava entubado. Nós nos revezávamos. Eu ficava durante o dia; e ela, à noite, ou vice-versa. Depois que chegaram o pai e o irmão do Neto, eles passaram a ficar durante o dia, e a Simone e eu, à noite. Os médicos nos diziam que fôssemos descansar e comer algo, porque ele estaria sedado e ficaria bem. Mas preferíamos ficar perto dele.

Para mim, foi uma alegria poder cuidar do Neto e pastoreá-lo. Muitas foram as ocasiões em que ajudei a dar banho, conversar e orar com ele. Ao mesmo tempo em que as horas demoravam a passar, outras vezes passavam muito rápido. Eu tinha feito um desafio a mim mesmo de cumprir um período de oração com base no relato bíblico de 2Reis 5, quando o profeta orientou Naamã a mergulhar sete vezes no rio Jordão para que fosse curado da lepra.

Dentro do Hospital San Vicente tinha um corredor bem longo através do qual eu andava de lá para cá sete vezes orando pela saúde do Neto, do Jackson Follmann, do Alan Ruschel e do Rafael Henzel.

Além das caminhadas de oração, tínhamos uma sala de espera que transformamos em nosso 'Quarto de guerra'. Tanto pela manhã como no final do dia, nos reuníamos para clamar a Deus. Ali tive o privilégio de orar pela vida de familiares, médicos, voluntários colombianos e sobreviventes, mas também por um milagre: para que Deus salvasse os nossos e confortasse as famílias daqueles que se foram.

Depois de dez dias, a situação ainda era complicada, e o pulmão continuava muito fraco. A bactéria resistia aos medicamentos e não tinha sido controlada. Passei aquela madrugada orando. Eu e muitos outros. Pessoas do Brasil e de várias partes do mundo estavam orando pela saúde do Neto; muitos de outras crenças também se manifestaram. Por volta das 7 da manhã, chegou o doutor Gustavo Janot, pneumologista do Hospital Albert Einstein, de São Paulo, e com ele toda uma comitiva de médicos, que me pediram para sair da sala.

Fiquei do lado de fora, angustiado, observando de longe o que estavam dizendo.

Esse médico foi o homem que Deus usou para mudar toda aquela situação. Em pouco menos de uma hora, examinou o Neto e o tocou dos pés à cabeça. Fez a leitura de todos os aparelhos e monitores aos quais o Neto estava conectado, indagou a respeito dos medicamentos que estavam sendo ministrados ao paciente até então, e naquela mesma hora deu algumas orientações, sugerindo a troca do sedativo e substituindo outros medicamentos.

— Amanhã desentubaremos o Helio Zampier Neto. Ele vai acordar, e nós vamos desentubá-lo — disse o doutor Janot.

Esperava-se, com isso, que o Neto reagisse e começasse a não depender dos aparelhos. A pergunta que nos fazíamos era: "Será que ele vai resistir?". Mas em nenhum momento vi o doutor Gustavo hesitar.

Deus é tão extraordinário que aconteceu exatamente como o médico havia dito. Estávamos todos aguardando aquele momento. Logo após o procedimento, fomos todos chamados: a Simone, o pai, o irmão, eu, os médicos e a psicóloga que acompanhava o caso.

A primeira coisa que o Neto disse foi: 'Deus esteve comigo o tempo todo. Deus esteve comigo o tempo todo. Ele nunca me abandonou!'.

Ele mal conseguia falar e não se lembrava do acidente. Na realidade, não se lembrava de nada. Começou a perguntar quanto havia sido o jogo, o que estava fazendo ali e como tinha se machucado, ao observar as escoriações por todo o corpo.

Quando estávamos sozinhos, ele e eu, ele me perguntava se tinha sido um acidente. Chegou a perguntar se tinha sido

**PR. CARLOS**

atropelado por um ônibus, porque não entendia como podia estar tão ferido. Perguntava da minha família, das pessoas da igreja, um por um. Lembrava-se dos jovens e dos adolescentes, e das crianças também. Perguntava de todos. Já com a Simone, o assunto era a família. Mas, quando estava com o doutor Mendonça, perguntava da Chapecoense, da partida, do placar e se tinham ganhado o título etc. Ele queria saber tudo sobre a final do campeonato.

Enfim, a bactéria foi controlada com a mudança dos medicamentos a pedido do doutor Gustavo, e o Neto começou a melhorar.

Graças a Deus, no dia 14 de dezembro estávamos arrumando as malas para voltar para o Brasil no dia 15, que era exatamente o que esperávamos.

Até alguns dias antes, os médicos tinham nos orientado a não dizer absolutamente nada ao Neto, não deixar que ele visse imagens do acidente nem nada que estivesse relacionado ao dia 28 de novembro. A notícia foi dada poucos dias antes de voltarmos para o Brasil."

**SIMONE**

"Foi muito bom ele [o pastor Carlos] ter ido. Não tenho dúvidas agora que foi a melhor pessoa que eu poderia escolher para me acompanhar. Inicialmente eu pensei em tê-lo ao meu lado para *me* fortalecer, para ter uma pessoa ali que pudesse me dar uma palavra de conforto e ajuda. Mas ele não ajudou só a mim, ajudou a muita gente, aos médicos também. Nós tínhamos momentos de oração com eles, inclusive. Houve um dia em que a Marina (noiva do Ruschel), a Andressa (noiva do Follmann), o pastor e eu estávamos orando quando o doutor Sonagli saiu da sala do Neto. Ele parou na porta, chorando, e disse: 'Gente, estou arrepiado. Posso me juntar a vocês para orar?'."

## A infância

Fui muito feliz na infância. Recebi muito amor e carinho dos meus pais, principalmente da minha mãe, a dona Valéria.[4] Ela sempre foi uma pessoa muito carinhosa comigo. O meu pai também — do jeito dele. Sempre foi mais durão por ser o chefe da casa. Na época, tinha suas obrigações, trabalhava duro para nos alimentar e dar o melhor para os filhos e a família. O trabalho para ele era primordial. Não me lembro de ele ter perdido um dia sequer de trabalho. Nunca chegava atrasado. Pelo contrário, sempre chegava cedo. Muitas vezes, passava a noite trabalhando e só voltava no dia seguinte.

Considero a minha mãe uma mulher FANTÁSTICA; uma mulher que cuidava dos filhos como se espera de uma mãe. Os dois criaram quatro filhos no subúrbio do Rio de Janeiro, no bairro da Pavuna, um dos bairros cariocas mais populosos e com menor índice de desenvolvimento social do estado. O típico lugar de periferia onde muitos vão por um caminho do qual podem se arrepender mais tarde.

Os meus pais nos criaram da melhor forma que puderam. O ambiente masculino de quatro irmãos propiciou o nosso gosto pelo futebol. Eu estava sempre pelas ruas brincando com os amigos, em uma época que, para mim, ainda existia inocência. Sinto muitas saudades desse tempo.

Na época em que eu estava no Clube Pavunense, não existia a criminalidade que vemos hoje, ao menos era como eu enxergava a situação. Lembro-me de ficar pelo bairro brincando até 1 hora da manhã durante as férias. Mas isso não deixava a minha mãe nem um pouco satisfeita. Ela não gostava que eu, o caçula, chegasse tarde em casa. Até adolescente, brinquei muito de bola na rua com os amigos e, para mim, esse foi um tempo inesquecível e feliz.

---

[4] A mãe do Neto chama-se "Raimunda", mas ele a chama carinhosamente "Valéria". [N. do E.]

> O Neto sempre gostou de jogar bola. Ele ia sempre com o pai. Era um menino apaixonado pelo futebol. O mais apaixonado dos quatro. Porque aqui em casa todo mundo sempre gostou de bola. Inclusive meu filho mais velho, Leonardo, também numa época recebeu um convite para jogar. Ele gostava de jogar bola, mas não tinha o afinco do Netinho.
>
> Quando ele estava para sair de casa pela primeira vez para jogar no Paraná, eu conversei com ele: 'É isso mesmo que você quer?'. Falei dos prós e dos contras. Porque em geral o nosso papel de pais é ver primeiro os contras para depois ver se tem alguma vantagem. Às vezes, os filhos têm um sonho, mas só pensam no lado positivo. 'Lá você só vai se relacionar com amigos. Não é como a família. Não vai encontrar o mesmo apoio', eu dizia. Mas ele queria mesmo assim.
>
> Quando o Neto disse que ia desistir, foi como se o sonho do pai se desfizesse. Mas eu prefiro conversar. Eu prefiro conversar, ouvir, ser conselheira e apoiar a decisão deles. Ainda assim, quando o Netinho ligou dizendo que não queria mais jogar, foi um baque. Sabe como é vida de atleta... quando quer uma coisa, acha que vai ser fácil, vai dar certo. E, no meio do caminho, sempre tem um momento em que a pessoa pensa em desistir.
>
> Mas, se a pessoa realmente quer algo, sabe que tem que fazer sacrifícios. Deve passar por cima de tudo isso e seguir em frente. A minha vida foi de sacrifícios, e o mesmo que aconteceu comigo foi o que eu sempre procurei transmitir aos meus filhos.
>
> Eu apoiei quando ele desistiu, quando ele voltou para o futebol, quando ele resolveu casar sem ter nada. Mas quem achou ruim mesmo foi o meu esposo: 'Mas Netinho ainda tá novo; tão menino e já vai formar família!'. Foi quando eu disse: 'Ué, mas nós também casamos cedo. Você só tinha 18 anos!'. Aliás, acabamos de fazer quarenta e dois anos de casados.[5]

---

[5] Na data de lançamento da 1ª edição desta obra, setembro de 2017. [N. do E.]

E o Netinho casou com 20 anos. Quer dizer, casou até mais velho que o pai.

Além disso, o amor é tudo. O Neto estava sozinho naquela cidade, e a Simone e a família dela foram um apoio para o meu filho, que estava longe da família e não tinha como nos visitar no Rio. Em outras palavras, foi um casamento de Deus. Ela é uma moça maravilhosa. Boa mãe, boa esposa. É a pessoa certa para estar do lado dele. Eu me sinto tranquila e aliviada por ele não estar sozinho e por viver ao lado de uma pessoa como ela.

O Neto passava por dificuldades financeiras no período em que a Simone soube que estava grávida. Além disso, ela era muito nova e teve uma gravidez de gêmeos cheia de complicações. Nós ajudávamos como podíamos.

Até chegar à Chapecoense, o caminho foi longo e duro, mas eu sempre procurava motivá-lo. Graças a Deus, ele foi trabalhando e chegou inicialmente pequeno a esse time, mas foi amado por essa cidade. E eles chegaram alto. Só pode ter dado errado por causa da ambição de alguns, mas quem sabe mesmo da verdade é Deus.

Um dia antes do acidente, nós nos falamos por telefone: 'Netinho, eu tô estudando'. Eu tinha que fazer uma prova. Ele estava muito feliz e estava se preparando para a viagem. Eu o abençoei e desligamos.

No dia seguinte ao acidente, logo cedo, ficamos sabendo pelo Leonardo o que tinha acontecido. A primeira coisa em que pensei foi na Simone e nas crianças. Eu liguei para ela e conversamos: 'Sogra, o avião caiu!', disse. Não sabia nada ainda do Netinho. Eu disse a ela que não ia me desesperar: 'Simone, eu não vou me desesperar!... Temos que orar... Vamos orar a Deus!'. Eu subi para o andar de cima de casa e fui à janela contemplar uma montanha aqui perto de casa. Ali, falei para Deus: 'Olha, meu Deus, eu não vou me desesperar... O que acontecer com o meu filho, eu assino embaixo, porque o Netinho sabe que tu existes também, ele é meu filho, mas eu não posso falar no teu nome. O que fizeres por ele, eu assino embaixo. Porque eu sei que, se o meu filho passar para o outro lado, ele vai estar nos teus braços, nos teus braços, porque ele é muito fiel a ti'.

Enquanto isso, muita gente estava entrando na minha casa dando-nos os pêsames, ele estava na lista de mortos. Eu me mantive calma. Senti algo que toda mãe sente. Eu fiquei calma, esperando em Deus. Para alguns, eu deveria desistir porque o resgate já tinha sido dado por finalizado. Mas eu fiquei tranquila e dizia: 'Está nas mãos de Deus'. Em seguida, deram a notícia de mais um sobrevivente e que era o zagueiro Neto. Oito horas depois do acidente veio a notícia. Foram horas soterrado. Que alegria saber que o meu filho estava vivo! E tristeza também por aqueles meninos tão jovens.

Ele podia não ter voltado bem, mesmo estando vivo; afinal de contas tinha tido um traumatismo craniano. Mas hoje apresenta um quadro normal. E como é que alguém pode brigar com Deus? Eu só posso agradecer a ele. Ter fé e amor é o que os pais podem transmitir a seus filhos. E foi o que fizemos.

Antes do acidente, eu tinha lido um texto bíblico: 'Deus limpará de seus olhos toda lágrima'.[6] E foi o que ele fez comigo durante todo o processo. Ele foi me dando calma, tranquilidade, fé e vitória. Eu acredito que não é preciso acontecer algo ruim na nossa vida para que algo mude em nós. Não. Eu quero ser sempre grata a Deus por tudo, tanto na tristeza e nas perdas quanto na alegria e na vitória!"

**DONA VALÉRIA**

"Eu sou o irmão mais velho de quatro irmãos. O Neto é o caçula. E jogar futebol é um dom familiar. O meu pai jogou muito. Eu posso dizer isso, porque presenciei isso. O meu avô, Helio Hermito Zampier, que foi o segundo marido da minha

---

[6] Conforme Apocalipse 21.4. [N. do E.]

avó, teve três filhos, Helio, Helam (que é o meu pai) e Edson. Todos eles jogaram muita bola. Meu tio Adilson, por parte de avó, segundo a família, era o melhor de todos. Ele era o tio mais velho e jogava muito bem.

Eu nunca levei muito a sério o futebol, embora algum talento devesse ter. Eu era mais de estudar. Costumava jogar na lateral esquerda, corria bem, tinha boa *performance* física, mas preferia o futebol de salão. Na verdade, eu não tinha a visão de seguir adiante. Já foi diferente com o Neto, que desde pequeno sempre gostou de jogar bola. Sempre foi competitivo na escola e jogava muito.

O nosso jeito de ser sempre foi parecido, e por isso sempre tivemos muita proximidade. Embora haja a distância natural de viver em lugares diferentes e de cada um ter sua vida, o nosso relacionamento é muito bom desde pequenos. O Luís e o Helam, os outros dois irmãos, são mais sérios, mas têm lá seu senso de humor. O Helam e o Netinho foram muito cedo para a igreja e têm uma postura religiosa de profundo compromisso.

As coisas para ele nunca foram fáceis, desde quando jogava no Guarani, no Francisco Beltrão e no Cianorte. Depois do Cianorte, ele teve uma fase boa, mas em seguida veio uma contusão no joelho e foi para o Guarani com o joelho machucado. No Guarani, ele não foi aproveitado; depois rodou o Metropolitano no interior de Santa Catarina e voltou ao Guarani. Em seguida, veio o Santos. Ou seja, nunca foi fácil. Mas ele sempre foi um vencedor e soube esperar sua vez e continuou treinando; além disso, conhece bem a parte tática do futebol. É muito bom nisso.

O nosso relacionamento é de cumplicidade, amizade e respeito. Eu sempre ajudei no pouco que podia, e a reciprocidade é a mesma. Ele sempre me respeitou como irmão mais velho. Sempre me ouviu. Agora já é um homem."

---

[7] Carlos Leonardo dos Santos Zampier, chamado somente Leonardo pela família, é o irmão mais velho do Neto. [N. do E.]

## "Saída de emergência"

No dia do acidente, antes de partirmos de São Paulo, eu enviei à Simone uma mensagem pedindo que ela orasse por nós. E foi o que ela fez assim que a leu. Ainda tenho algumas mensagens que a Simone me enviou mesmo quando soube do acidente: "Vai dar tudo certo. Estou orando por vocês". Ela sabia que eu não ouviria nada, porque eu estava em coma. Mesmo assim, esperava com fé de que eu as ouvisse em algum momento.

Como já era de costume e inevitável, em uma de suas visitas, o doutor Mendonça entrou na UTI e lhe perguntei:

— E, então, doutor, quer dizer que me machuquei no jogo?

E ele respondeu:

— Machucou, Neto.

— Então me empresta o celular que eu quero ver na internet como foi que eu sofri a lesão. Quero ver a cena.

Ele não sabia como reagir, e disse que não havia nada na internet. Eu insisti, e ele voltou a dizer que não tinha nada.

— Tem, sim, doutor. Foi a final da Sul-Americana. Como não vai ter nada? Quero saber como eu me machuquei.

O meu celular não tinha desaparecido no acidente, como todos queriam que eu pensasse. Na verdade, tinha ficado o tempo todo no meu bolso — tudo o que eu tinha dentro dos bolsos consegui recuperar: o celular, a carteira e o passaporte.

Para me acalmar, a Simone me disse que ninguém podia entrar com o celular na UTI. Só vim saber da verdade uns três dias depois de acordar.

Naquele dia tudo foi diferente.

— Neto, tenho uma notícia para lhe dar.

Era o doutor Mendonça, que viera à UTI para me ver, e dessa vez não estava sozinho, como em geral são as visitas na UTI.

A minha família: esposa, pai, irmão, pastor — todos entraram na UTI; os médicos do Brasil: além do doutor Mendonça, o doutor Sonagli, o doutor Edson e o doutor Gustavo Janot, do Hospital Albert Einstein, em São Paulo — a quem eu devo muito, pois foi alguém que ajudou de forma decisiva para que eu me recuperasse. Todos estavam comigo.

A UTI estava lotada, quando o doutor Mendonça me perguntou:

— Neto, lembra do sonho que você teve? O sonho que você contou à sua esposa?

— Lembro, doutor. Eu contei a ela. Ela sabe. Eu disse que o avião do clube caía.

Como já disse e sei que estou me repetindo, eu não sabia do acidente; não tinha consciência nenhuma do que havia acontecido. Apenas estava contando o sonho que tinha tido. Porque era algo que estava gravado na minha memória e tinha sido muito real.

— Eu lembro perfeitamente. A gente estava no avião. Era noite. Estava chovendo muito. De repente, as luzes do avião apagaram e a aeronave caía como um raio e batia com muita força. Eu estava muito machucado e sangrando, doutor, mas eu conseguia levantar dos escombros. Estava tudo amassado. Mas eu consegui ler em uma porta "SAÍDA DE EMERGÊNCIA" e por essa pequena porta fui parar mato adentro, em uma escuridão sem rumo. Era uma mata fechada. Não dava para ver nada. Estava frio. Eu olhava para trás e via mais quatro sobreviventes comigo. Eles estavam muito iluminados e vinham atrás de mim. Eram sobreviventes, mas eu não pude ver o rosto de nenhum deles. Sim, eu me lembro do sonho, doutor! Foi o sonho mais real que tive na minha vida!

— Neto, não foi um sonho. Foi isso que aconteceu. O avião da Chapecoense em que você estava com todos os seus companheiros caiu e houve muitas perdas — disse o doutor Mendonça.

Eu demorei um pouco para assimilar o que ele estava dizendo. Por mais que eu soubesse da gravidade da minha situação, não imaginei uma queda de avião. Ele voltou a repetir que era isso que tinha acontecido. Em seguida, pensei: "Se eu estou vivo, todos os meus companheiros também estarão. Uns melhores, outros nem tanto..., mas todos devem estar bem".

Comecei a me lembrar de alguns nomes. Dos meus amigos do clube e dos que tinham filhos: o Cleber Santana, o Bruno Rangel, o Ananias, o Kempes, o Gil, o Danilo... A maioria dos filhos deles eram amigos dos meus filhos. Os moleques costumavam jogar bola nas concentrações. Comecei a perguntar ao médico de um por um... ia lembrando dos nomes e perguntava...

— Infelizmente, Neto, não está mais entre nós — dizia ele a cada nome.

Senti um aperto tão profundo. O meu coração parecia não caber dentro de mim. Chorei muito, muito, muito. Não conseguia parar. Eu não sabia o que fazer. O desespero tomou conta de mim. Aquilo não podia ser verdade.

Eu poderia ter feito alguma coisa. Quem sabe se tivesse falado do sonho que tinha tido. Ninguém teria viajado. Eu poderia ter ajudado a salvar o meu clube, a minha equipe, os meus companheiros. Culpa minha. Eu tinha sido avisado, e não fiz nada. Eu tinha recebido um aviso e não dei atenção.

— Pai, a culpa é minha, pai! É minha culpa! Eu deveria ter feito alguma coisa. Eu não poderia deixar isso acontecer — gritava na UTI.

O meu pai tentou me acalmar:

— Isso tinha que acontecer.

— Não, não ia acontecer. Eu tinha que ter falado.

— Você acha que se dissesse algo não teria jogo? — seguiu meu pai. — Se você tivesse falado, o máximo que iria acontecer era você ter ficado fora do jogo e voltar para casa, e se culparia pelo resto da vida por não ter ido com os demais. E se não tivesse acontecido acidente nenhum? Nesse caso, você nunca mais seria contratado por ninguém. Porque nenhum clube ia contratar um jogador que deixa de jogar uma final tão importante por causa de um pesadelo.

Aquele não tinha sido um pesadelo — nós sabíamos. Eu já tinha tido muitos pesadelos, e nunca havia acontecido nada em tamanhas proporções. Para mim, aquela tinha sido uma visão. Deus me dera uma visão do que aconteceria. Disso eu tenho certeza.

— Deus deu a você uma visão do que iria acontecer, tanto é assim que você estava a bordo do avião e saiu vivo no seu sonho. E foi exatamente o que aconteceu — terminou meu pai.

Aquilo me confortou um pouco, mas o sentimento de culpa e de impotência era muito grande. Era algo que eu precisava processar e entender. Por que eu?

> **66** O Neto é uma pessoa muito sentimental, e eu sabia que ele ia sofrer muito e se culpar também. E foi exatamente o que aconteceu. Ele ficou muito abalado e chorou a manhã inteira. Eu já tinha comentado com a psicóloga que ele era muito apegado aos amigos do clube e aos companheiros e que ele insistia toda hora para saber o que tinha acontecido de verdade. Ele ficava me pressionando para contar. Foi então que a psicóloga nos disse para contar, mas eu quis que todas as pessoas estivessem dentro do quarto: 'Quero os médicos brasileiros, quero o meu sogro, quero o meu cunhado, o pastor, todo mundo vai contar junto', porque eu tinha medo de fazer isso sozinha por não saber como ele reagiria. **99**
> 
> SIMONE

**66** Era por volta do dia 12 de dezembro. Já estávamos nos preparando para voltar para o Brasil. Não tínhamos como protelar mais. Era preciso dizer ao Neto o ocorrido porque ele certamente saberia por outras fontes.

Entramos no quarto, perto do leito onde ele estava deitado, acompanhados da psicóloga, dos médicos colombianos e dos médicos brasileiros, quando o doutor Mendonça tomou a iniciativa de trazer à tona o sonho que ele tivera.

Ouvir o Neto narrar o sonho, a visão que Deus lhe dera dias antes de viajar para a final do campeonato sul-americano, era assustador. Cada detalhe fora avisado ou revelado ao Neto. Outra pessoa que desconhecia esse sonho descreveu o acidente real com os mesmos detalhes contados por ele.

Em seguida, acrescentou:

— O jogo não aconteceu. Houve um problema com o avião...

Ele começou a gritar e a chorar muito alto:

— Eu poderia ter evitado esse acidente. Deus me mostrou em visão esse acidente!

Ele começou a se culpar dizendo que poderia ter evitado aquela viagem e impedido o voo que causara a tragédia. Obviamente que todos sabíamos que ele jamais teria conseguido impedir aquele voo e cancelar uma final por causa de um sonho. Teria sido impossível convencer a diretoria do time e os demais envolvidos."

## Jogador profissional

*Eu não joguei muito tempo em categoria de base. Quando tinha uns 15 anos, comecei a fazer alguns testes em clubes maiores. Num belo dia, um homem foi à minha escola, o Colégio Mercúrio, no bairro da Pavuna. Eu jogava no futsal; era um time muito bom. Só jogava mesmo na escola. Ganhava um desconto* na mensalidade e ajudava o meu pai. Era uma espécie de atleta bolsista.

Certa vez, a minha mãe me perguntou:

— Você não sonha em ser jogador de futebol?

— Sonho, mãe.

— E por que você não vai lá no Pavunense? É um começo.

— Mãe, você tá viajando. Um time amador? Eu queria entrar num clube de verdade.

Então ela respondeu algo que sempre a ouvi dizer, desde que eu nasci:

— Meu filho, o que é do homem o bicho não come! Tenta. Vai que dá certo.

Eu tinha um amigo que jogava comigo no colégio e que também jogava nesse time. Certo dia ele me disse:

— Neto, por que você não vê se tem condições de jogar num time amador, lá no Pavunense?

— O time é bom? — perguntei.

— Sim, o time é bom. Vai lá, cara, fazer um teste.

Resultado: eu fui fazer o teste de atacante. Eu era pivô no salão e fazia muitos gols. E de atacante, virei volante, depois passei do meio de campo para a defesa. Tinha um olheiro que foi ver um volante nosso e acabou gostando de mim. Ele disse para o treinador:

— Coloca o Neto de zagueiro que eu quero levar esse menino pra fazer um teste no Grêmio. Lá no Grêmio os caras gostam de jogador alto como zagueiro. E acho que ele vai se sair muito bem no Grêmio.

Isso foi mais ou menos em 2003.

— Neto! — disse o treinador. — Você vai jogar de zagueiro agora. Porque esse cara aqui vai levar você pro Grêmio. O que é que você acha? Quer jogar de zagueiro?

— Me levar pro Grêmio?! Claro que eu quero!

Estava tudo meio que certo para eu fazer um teste no Grêmio, mas não funcionou. Na época, não tinham alojamento, coisa que eu precisava. Então continuei no Pavunense.

No Pavunense, a gente treinava duas vezes por semana, pela manhã. Cada um por contra própria. O time só fornecia mesmo o material de treino; nesse caso uma camisa, que era para distinguir um time do outro. Não tinha almoço; não tinha nada. E foi lá onde eu comecei, além de continuar treinando no meu colégio.

O Pavunense ficava a uns cinco quilômetros de distância da minha casa. Eu ia a pé. Tomava café logo cedo e ia treinar. Eu tinha um amigo que morava em um condomínio em frente de casa, ele é meu amigo até hoje. Eu ia à casa dele para irmos juntos, e a mãe dele dizia que ele não estava. Mas eu sabia que o cara estava era dormindo. Então eu ia sozinho mesmo. E treinava.

Depois de uma hora e meia, voltava a pé, almoçava e ia para a escola. Às vezes, além do Pavunense, tinha o treino do colégio. Então eu treinava de manhã, voltava, almoçava, ia para a escola, treinava no futsal da escola e chegava em casa exausto, mas era prazeroso porque eu amava o que fazia. Amo jogar futebol.

E fui amadurecendo em campo. Fui percebendo que as noites de sono e de descanso interferiam no meu rendimento. Se eu dormisse bem, então corria muito no treinamento e ficava entre os melhores. Fui vendo como as coisas funcionavam. Tudo aquilo me ajudava na minha performance geral, tanto na parte física quanto na parte técnica.

Então comecei a sonhar mais. Comecei a pensar: "Tomara que dê certo esse negócio do Grêmio". Mas não fui para o Grêmio, e acabei indo para o Francisco Beltrão em 2003, quando saí de casa para começar a jogar futebol de verdade.

Nessa época, eu estava na metade do terceiro ano do ensino médio no Colégio Mercúrio. Fazia curso técnico de informática e jogava como amador na equipe do bairro. Foi o treinador do amador que deu o pontapé inicial para a minha entrada no futebol. Ele conversou com o meu pai e disse que se interessava por mim e que esse time precisava de um zagueiro. Ele me perguntou se eu queria fazer um teste para ver se dava certo. Era só eu me apresentar no clube e dizer que ele tinha me indicado.

Só tinha um problema, era metade do ano. O senhor "Russo", o meu pai (chamado assim porque é loiro e tem olhos azuis), me perguntou se eu preferia terminar os estudos e trabalhar, ou se ainda pensava em ser um atleta profissional.

Eu tinha até recebido uma carta da Caixa Econômica para trabalhar como estagiário. Mas eu disse que sim ao futebol. Eu ainda queria ser um atleta profissional. Mas teria que arriscar tudo.

— Se você arriscar, vai ser reprovado este último ano. Você está bem na escola e vai passar de ano, pode trabalhar e começar uma faculdade. Mas, se quiser o futebol, vai perder este ano.

Uma semana depois do meu aniversário, que é em 16 de agosto, deixei tudo e fui embora. Saí de casa pela primeira vez, e o meu pai foi comigo. Ele sempre esteve presente. Eu tinha que ficar uma semana para fazer os testes. E como era agosto, estava um frio que Deus me livre. Eu, que morei a vida toda no Rio de Janeiro, cheguei ali e fazia 5, 4, 3 graus. E meu pai, feliz da vida.

Eu treinava com o grupo e ia sendo colocado aos poucos nos treinos. Como eu nunca tinha estado em categorias de base, eles viam se eu tinha potencial de evolução. Então os caras foram me dando treino para ver "se ele vai mesmo ou se não tem jeito".

Na época, o presidente disse a meu pai, sem eu saber:

— O Neto vai ficar aí. Gostamos dele.

Então o meu pai me chamou para conversar em um hotel, onde estávamos hospedados, porque só ficava no alojamento quem fosse do clube ou quem fosse contratado. Depois de ser aprovado no teste do Beltrão, o meu pai foi embora. Chorei muito na rodoviária. Muito mesmo. Foi a primeira vez em que me vi sozinho num lugar. Só eu e Deus. Ele me disse chorando:

— Neto, amanhã eu tô indo embora.

— Mas, pai, o que aconteceu?

— Você passou. O presidente me chamou e disse que você passou no teste!

Fui contratado e fiquei lá seis meses. Passei a receber menos que um salário mínimo na época, uns R$ 300,00. E eu me virava com isso. Ainda bem que eu tinha alojamento, café, almoço e jantar! Eu literalmente morava embaixo da arquibancada. No frio, era uma geladeira. Não tinha aquecedor nem coisa parecida. Estas e algumas dificuldades de um iniciante me levaram a desistir de jogar.

Em 2004, retomei a carreira e fui para o Paraná Clube, que era uma equipe grande e estava na série A do Campeonato Brasileiro. Naquela época, eu jogava na base do Paraná.

Lá fiz um teste no juniores e passei. Era uma equipe grande e estruturada; realmente muito boa. Eu comia na Vila Olímpica e dormia no alojamento. Mas, de repente, quis ir embora. Não aguentei ficar longe de casa e também tive um problema bobo com o roupeiro do clube e achei muitas vezes que era discriminado. Imaturidade minha.

Eu morava sozinho no alojamento. Não tinha amigos na cidade de Curitiba. Todos os meus amigos eram jogadores que vinham de um contexto semelhante ao meu e que também viviam no alojamento porque vinham de outras cidades. Mas quem morava em Curitiba e jogava no Paraná tinha um estilo de vida diferente e superior ao de quem vivia no alojamento.

Quando chegou o mês de outubro ou novembro, eu pedi para sair. A verdade é que eu não me adaptei a Curitiba. Além disso, eu era do tipo pavio curto. Eu sabia que o problema estava comigo. Eu morava na Vila Olímpica e nunca tive uma situação financeira boa. Em outras palavras, a minha situação nunca foi comparável à de muitos. Eu era da Pavuna, cara.

Essa solidão, o sentimento de ser diferente, de estar fora de lugar, a saudade de casa, da minha mãe, do meu pai e dos meus irmãos, tudo me levou a pedir para sair do clube. No final do ano, em novembro, estava eu de volta em casa.

Fiquei esse tempo no Paraná e sei hoje que foi uma época muito importante estar na base de um time que fazia parte da série A do Campeonato Brasileiro. Eu desejava subir, ser profissional e alcançar o sucesso. Mas fui imaturo. Na época, o diretor me disse que eu iria para outro time do Paraná. Para o Coritiba Futebol Clube ou para o Atlético Paranaense. Mas eu disse que não. Queria ir embora para casa, não para outro time. E fui.

O que eu não sabia era o que me aguardava em casa. Quando o meu pai me viu, ficou muito desapontado. Eu já tinha ligado para a minha mãe, preparando o caminho, e ela me dizia:

— Filho, se você não estiver feliz, volta!

Como todas as mães, ela me apoiava; dizia que a felicidade não se compra; portanto, se não estava feliz, que eu tomasse o rumo de casa.

Já o meu pai não pensava assim. Ele era sempre irredutível. "Você tem que ficar. Tem que aguentar", dizia. Fui ficando até não aguentar mais. Ele não aceitou a minha decisão. Para ele, eu estava tendo uma oportunidade muito grande e não podia deixar escapar. Mesmo assim, fui embora para casa.

Meu pai ficou sem falar comigo durante um tempão. Naquela temporada, o Paraná foi disputar a Copa São Paulo de Futebol Júnior (que começa em janeiro e termina no aniversário dessa cidade) e se saiu muito bem, ficando em terceiro ou quarto lugar entre mais de 60 times. E o senhor "Russo" veio logo dizendo:

— Era para você estar lá!

Ele não sossegou até que eu fizesse um teste no Olaria, um time pequeno do Rio de Janeiro, e passasse.

Eu sonhei muito em jogar profissionalmente no Rio. Na verdade, eu não queria sair de casa. Eu tinha 16 anos quando fui pela primeira vez ao Olaria. Fiz cinco gols em três treinos e não passei. Três anos depois, com 19 anos, depois de ter jogado no Paraná e no Beltrão, voltei para fazer outro teste por causa do meu pai, claro. E passei:

— Você pode vir na semana que vem!

— Eu quero estudar! — soltei.

— Você vai é jogar bola! — dizia meu pai.

Já estava tudo encaminhado, quando o empresário me disse:

— Eu vou te levar para um clube maior. Vou levar você para o Vasco da Gama.

E me levou para o Vasco e me deixou no Vasco por um bom tempo, mas as oportunidades eram raras. Só treinamento. Nada de ser fichado pelo clube. Eu fiquei lá por conta própria. Nem para o banco eu era chamado.

Certa vez, o auxiliar do treinador me chamou e disse que iria me indicar para o Botafogo. Ele via que eu treinava bem, mas que não estava inscrito. E dizia que ali eu não tinha espaço, embora tivesse qualidade.

Mas eu estava rebelde naquela época:

— Não quero nada. Não quero ir para o Botafogo. Se não for para ficar aqui, não quero ir a lugar nenhum.

E fui para casa. Parei de jogar bola outra vez. Fui embora chateado, porque eu sempre via que treinava bem e jogava bem, mas não conseguia uma oportunidade. Nunca fui melhor do que ninguém, mas eu sabia quando estava bem ou não. Se estava abaixo ou se estava na média. Por isso eu disse que não queria mais nada.

Foi quando uns amigos meus e eu estávamos jogando uma pelada e um olheiro me viu:

— Neto, vi você jogar e gostei. Vi que você tem qualidade. Conheço um clube para você ir. Está interessado? É categoria de base.

— Eu topo — disse.

O meu pai logo se interessou:

— Que time é?

— Francisco Beltrão — ele falou.

— Você tá de brincadeira? Eu já vim de lá, meu! Eu joguei lá, cara! Eu estava lá no sub 23. Em 2003, eu estava lá!

Isso era 2005.

— Não tem como você me mandar pro mesmo lugar em que eu estava. Esse nem é um time conhecido. Tem milhões de outros times pra eu ir e você vem falar pra mim...

Ele conhecia o presidente do clube e, segundo me disse, tinha falado de mim para o presidente, que disse para eu aparecer.

E, de novo, fui parar no Beltrão, jogando no juniores.

O futebol é uma área concorridíssima no Brasil e no mundo. Além disso, é o sonho de todo menino, ou de muitos. E comigo não foi diferente. O sonho se misturou com a realidade. Mas, para dar certo, todo dia é preciso colocar uma pitada de sal na comida. Colocar um tijolo no muro. Acontece que esse tipo de estrutura cria ansiedade e tem repercussões muitas vezes negativas na vida do jogador. Fazer parte dessa montanha-russa acaba sendo a nossa rotina, por isso muitas vezes corri, cansei, esperei, desisti, recomecei, até que tive a maturidade necessária para encarar determinadas situações que sempre vão surgir em qualquer âmbito de trabalho.

Valeu a pena encarar os meus medos e voltar para o Beltrão em 2006. Valeu a pena a insistência do meu pai. Apesar de ser novo, eu já tinha vivido algumas frustrações, tinha tomado decisões não muito corretas e precisava encarar pessoalmente os fantasmas de baixa autoestima, de uma situação econômica desfavorável etc.

Recomeçar, portanto, foi essencial pelo menos por dois motivos: porque subi para o profissional e porque foi nessa cidade que conheci a Simone.

Embora o time não tenha se saído bem no campeonato estadual naquele ano, o que levou a equipe para a segunda divisão, pelo menos conheci a mulher da minha vida.

Tudo aconteceu quando a Simone foi ao ginásio com uma amiga, porque essa amiga gostava de um amigo meu. Pensei comigo: "Que moreninha linda!". Fiquei encantado por ela. Depois de receber uns três foras sucessivos, comecei a ver que os meus amigos também começaram a se interessar por ela. O meu colega de quarto era o único que sabia do meu interesse e ele conhecia a Simone porque tinham estudado na mesma escola em turmas diferentes.

— Cara — eu disse —, tô dando em cima dessa menina, mas ela não tá nem aí pra mim, velho.

— Neto, Carioca (ele me chamava assim, porque era como me conheciam antes de ser profissional), essa aí é difícil. Ela não dá mole pra qualquer um, não. Ela não dá confiança pra qualquer um, não, cara.

Eu tinha outro colega que também demonstrava certo interesse por ela; então fiquei na minha. Houve inclusive uma vez que esse rapaz deu uma bexiga de coração para a Simone, bem na minha frente.

"Meu Deus, tomara que ela não ligue pra ele também não." Mas, na segunda vez em que ela me deu um fora, eu disse para ela que, se ela me desse uma oportunidade, eu iria namorar e casar com ela. Ela até riu. Eu me lembro disso até hoje. Finalmente, ela acabou cedendo e tivemos o nosso primeiro encontro.

Eu estava apaixonadíssimo e a pedi em casamento pouco tempo depois, porque, quando eu soube que o campeonato estava para acabar na cidade de Beltrão e que eu iria para um time do Rio, não queria namorar a distância. Foi então que decidi: vou pedi-la em casamento. Nada de ficar viajando entre o Paraná e o Rio.

Ela aceitou na hora. Queria se casar comigo! Nós nos casamos três meses depois de nos conhecermos.

Para muita gente isso foi uma verdadeira loucura! Principalmente para a mãe da Simone. Quando ela soube da nossa decisão, não gostou nada e chegou a me tratar diferente. Ao se aproximar o dia do casamento e notar que realmente não mudaríamos de ideia, ela se manteve firme na negativa.

O nosso casamento foi só no civil. Eu nem tinha dinheiro para casar como manda o protocolo. No dia do casamento, nem sequer tinha recebido salário, que sempre chegava atrasado. Eu ganhava R$ 900,00 no profissional. Já era difícil viver só com R$ 900,00, principalmente quando alguém está pensando em se casar e tem que pagar o cartório.

No dia do casamento, fui atrás do dinheiro:

— Simone, eu vou lá no clube pegar o dinheiro que eles estão me devendo. O presidente me disse que ia me pagar.

Fui de chinelo e bermuda. Naquela manhã, encontrei o capitão do time, que mora em Francisco Beltrão até hoje. Depois de treinarmos juntos, ele falou com o presidente sobre meu pagamento em nome da amizade que tinha comigo e por ser o capitão. Então o presidente acabou dando a esse meu amigo uma parte do meu salário, que ele em seguida levou para a Simone.

— Este aqui é o dinheiro do Neto. O presidente me pediu pra trazer o dinheiro — disse à Simone.

Eu acabei voltando para casa em cima da hora e não sabia que ele havia levado parte do dinheiro à Simone. Voltei do treino pensando: "Meu Deus, não tenho dinheiro nem pra casar". Naquela época, como não existia celular, só fiquei sabendo realmente quando cheguei em casa. Assim que entrei, a Simone me disse o que tinha acontecido.

Casamos sem cerimônia. Fomos ao cartório e depois fizemos um churrasco na casa da mãe da Simone com os parentes dela. Nenhum parente meu estava presente. Eles sabiam do nosso casamento, mas tiveram reações diferentes. A minha mãe, como sempre, apoiou completamente e quis saber se a Simone seria boa mulher, boa mãe, se me tratava bem, se era organizada... Coisas de mãe. "Então casa, meu filho! Se ela vai te fazer feliz e vai ser uma boa mãe para os seus filhos..., casa; porque um dia você vai ter filhos...", e todos os conselhos normais de uma mãe dedicada. Já o meu pai pensava de uma forma muito diferente: "Você é muito novo, não é a época ainda". Eu tinha acabado de subir para o profissional, e para ele chegaria o tempo certo de eu me casar; eu deveria esperar.

— Não, pai. Eu vou casar. Ela é a mulher da minha vida e não vou perder esta oportunidade por causa do futebol.

E casamos. Foi duro casar e não ter casa; viver na casa da sogra... e com os irmãos da Simone; todo mundo junto. "Era uma casa muito engraçada, não tinha teto, não tinha nada"..., bem disse o poeta. Morávamos todos em uma casa bem simples, de madeira. Passamos dificuldades, mas sobrevivemos.

> **SIMONE**
>
> O meu primeiro namoro foi em casa. A minha mãe sempre foi muito rígida. Então, quando o Neto me pediu em namoro, não pensei 'Você tem que me pedir em namoro para a minha mãe'. Ele até falou que faria isso, mas eu disse que não. 'A minha mãe é muito brava', eu dizia. Na verdade, eu tinha medo da reação dela.
>
> Eu sou a filha do meio. Tenho um irmão e outra irmã. E, quando o Neto disse que ia falar com a minha mãe, eu disse que, além de a minha mãe ser muito brava, eu tinha um irmão que era muito ciumento. Como os meus pais são separados, o meu irmão fazia esse papel de pai. No final das contas, quando o Neto apareceu em casa, a minha mãe ficou muda. Sem reação. Creio que não esperava.
>
> A verdade é que ele foi e falou com o meu irmão. Disse que estávamos namorando, que queria casar comigo e cuidar de mim. O meu irmão disse que iria cobrar. 'Pode me cobrar', disse o Neto.
>
> Ela sempre o tratou bem; gostava muito dele. Mas, quando eu disse que nós nos casaríamos, ela ficou muito brava. Um dos motivos é que eu só tinha 18 anos; o outro, era uma mescla de medo e desconhecimento. Por ser jogador de futebol e do Rio de Janeiro, a minha mãe só conhecia o que via de negativo nos noticiários sobre essa cidade. Em geral, algo bastante oposto a uma pequena cidade do interior do Paraná. Por isso, não deu sua permissão para o nosso casamento. Aliás, ela nem sequer foi ao casamento. Para piorar um pouco, no início tivemos que morar na casa dela, porque o Neto ficou desempregado logo em seguida. Nós não tínhamos condições para ir a lugar nenhum.

*Depois que nos casamos, eu fui para o Rio, mas acabei deixando o meu empresário com o time que ele já tinha, da segunda divisão, até que comecei a jogar no Clube Foz do Iguaçu, no*

> Paraná, porque era mais perto de Francisco Beltrão, onde estava a Simone. Embora não desse para voltar toda semana, tornava a nossa vida de recém-casados mais fácil.

A minha maior vontade na UTI era comer. No início, eu me alimentava muito pouco. Só papinha. Comida bem amassada e pastosa.

Que saudade de um bife com arroz, feijão e batata frita. Eu não via a hora de voltar para o Brasil e comer a nossa comida. Queria ver os meus filhos. Já não aguentava de tanta saudade deles.

A Simone fez um mural de fotos na frente da UTI, por isso eu podia ver da minha cama fotos minhas com os nossos filhos, foto de quando eu era criança com os meus irmãos, com a minha mãe e o meu pai. E uma foto com o meu coelho de estimação, o Floquinho. Eu queria ver todo mundo que era importante para mim. Mas eu estava completamente isolado, em outro país, em outra cultura... sendo muito bem recebido, é verdade.

Graças a Deus, o tratamento na Colômbia foi ótimo, como bem expressou a equipe médica brasileira. Recebemos um tratamento excelente de um país vizinho nosso. Profissionais qualificados, amigáveis e humanos faziam parte do grupo que cuidou de mim. Mas eu tinha saudade das minhas coisas no Brasil. Da minha terra, da minha gente.

Antes de voltar para o Brasil, pude rever os meus companheiros que haviam sobrevivido, o (Jackson) Follmann e o Alan (Ruschel), que estavam naquele momento no mesmo hospital que eu, porque todos já havíamos sido transferidos para o Hospital San Vicente.

O primeiro que vi foi o Follmann. Ele já estava voltando para o Brasil e passou no meu quarto para me ver. Estava deitado em uma maca e também muito debilitado, depois de uma amputação da extremidade inferior da perna direita. Eu me alegrei com ele por estarmos vivos. Tínhamos que celebrar a vida e aproveitar a nova oportunidade que tínhamos ganhado. Nós nos despedimos rapidamente porque era hora de ele seguir viagem.

Depois foi a vez do Alan. Eu não acreditava no que via. Ele estava tão magro, tinha dentes quebrados. Parecia outra pessoa. Ele entrou com a mão cobrindo a boca, tentando esconder os dentes. Mal sabia que eu também estava horrível, todo machucado.

Fiquei bastante surpreso porque ele chegou em cadeira de rodas, levantou bem devagar, entrou na UTI, onde eu estava, aproximou-se, sentou e começamos a conversar.

— Como você está?
— Bem. Estou bem.

Conversamos e rimos um pouco, por fim!

A alegria de estar vivo não pode ser expressa em palavras. Somente olhar um para o outro e trocar pequenas palavras e gestos dizia muito.

Vê-los foi muito importante. Ao mesmo tempo que nos sentíamos felizes, estávamos abatidos pela tristeza e perda dos nossos companheiros. A realidade era difícil de suportar, mas muito lentamente fomos nos (re)adaptando. Melhor dizendo, fomos encontrando um sentido maior para viver.

> *Antes de nos conhecermos, Simone e eu, ela já tinha tido um cisto em um ovário e feito uma cirurgia de remoção. Agora havia uma nova suspeita no outro ovário. Eu jogava no Foz do Iguaçu e não me sentia tranquilo, porque ela voltara a ter problemas e muitas dores. Quando eu soube que ela jamais poderia ser mãe se tirasse o outro ovário, resolvi terminar de vez a minha carreira no futebol e disse a ela que eu tinha parado, que tinha*

abandonado tudo e que voltaria a trabalhar em Francisco Beltrão como todo mundo faz. Eu arrumaria um trabalho comum porque o importante era que nós estivéssemos juntos.

Nós havíamos planejado ter filhos. Queríamos ser pais. Eu já tinha prometido para ela que, se algo acontecesse com a saúde dela, eu largaria tudo.

— Eu vou largar tudo. Você é a mulher que eu escolhi para ser a mãe dos meus filhos e, se arrancar o outro ovário, acabou a sua chance de ser mãe.

No último jogo do clube em que participei, ela foi assistir. Faltando um minuto para acabar, eu fui dar a bola para o goleiro e errei, e um jogador do outro time fez o gol. Eu queria tocar a bola e não tinha visto o goleiro, porque ele estava lá atrás. A bola veio do meio de campo; era tocar a bola e atrasar para o goleiro. Quando eu me dei conta, o goleiro estava perto de mim, não no gol. Não foi gol contra, mas o atacante do time adversário veio correndo e fez o gol. Sem goleiro, sem nada. E acabou o jogo ali. O juiz apitou, era o último lance do jogo. Perdemos de 1 a 0, em casa. A minha cabeça não pensava em outra coisa: "Não acredito! Nunca errei desse jeito. Nunca errei assim em toda a minha vida".

O clube era bom e organizado. Eu morava numa casa pequena perto do estádio, e tínhamos a facilidade do ônibus que levava e buscava os jogadores. Mas, com esse problema da Simone, eu preferi ficar perto dela. Simplesmente não conseguia pensar em outra coisa. Havia algo mais importante para mim naquele momento: a minha família.

Quando voltei para a cidade de Francisco Beltrão, eu disse a ela que não tinha onde cair morto, mas que deveríamos lutar para ter um filho e que eu buscaria um trabalho. Qualquer trabalho digno. Quando nos casamos, eu tinha prometido que a amaria e cuidaria dela. Mesmo não tendo praticamente nada, naquele momento eu quis confirmar o nosso compromisso e união. Eu faria todo o possível para recomeçar.

Comecei do zero; ganhava muito pouco como jogador de futebol e, quando arranjei outro emprego, comecei a ganhar menos ainda numa lojinha chamada Por Menos (literalmente isso confirmava a minha situação tão precária), em Francisco Beltrão, e também de barman em uma casa noturna para ganhar um dinheiro extra.

> **SIMONE**
>
> **"** Eu fiquei grávida naturalmente quando deixei de tomar anticoncepcionais. O meu cisto era do tipo enraizado. Por isso, o oncologista já tinha me dito que deveria fazer uma ultrassonografia a cada seis meses. Na primeira vez, tinha tirado um cisto de 1 quilo e 200 gramas. Era muito grande.
>
> Quando comecei a trabalhar em Beltrão em uma loja, eu não tinha condição de pagar uma consulta particular. Sempre que ia ao posto de saúde local, pegava uma ficha e ficava esperando; para consulta, eu ficava o dia todo. Minha chefe sempre me ajudou muito e certamente me liberaria, mas eu era muito tímida para pedir e não achava correto perder o dia de trabalho. Mas, quando comecei a ter dores e muito sangramento, eu fui e detectaram outro cisto. O médico já tinha me dito que eu deveria fazer exames de rotina depois a cada ano. E seria exatamente nessa época.
>
> Eu fui ao ginecologista e disse que queria engravidar. Um mês depois estava grávida. A gestação foi muito complicada, com risco de aborto do começo ao fim. **"**

Quando ela disse que queria comer pão com mortadela do mercado e que não podia ser da padaria ao lado de casa, porque tinha visto o chefe dela, o senhor Pedro, passando com pão com mortadela do mercado e ficado com vontade, pensei: "A Simone tá grávida! A padaria é aqui do lado, e vai querer logo do mercado...?!". Eu fui, comprei, e ela até tentou comer, mas ficou enjoada. E ainda assim teimava que não estava grávida. Quando acordou certa manhã, ela estava sangrando, e eu corri para buscar ajuda.

Passei na loja para dizer que ela não estava bem e fui à farmácia comprar um teste de gravidez. Deu positivo. O teste brilhava mais do que o normal! "Nossa!", pensei. Fizemos outro teste de sangue e deu realmente positivo.

No dia seguinte, fomos ao médico, e ele disse bem secamente: "Você está perdendo o bebê". Ele pediu uma bateria de exames para a semana seguinte. Mas era tudo pelo SUS. Os dois saímos arrasados da consulta.

Então a Dirce, dona da loja em que a Simone trabalhava, nos disse que a Simone seria internada naquele mesmo dia, porque não havia tempo para esperar uma semana pelos exames. Ela mesma ligou para o pronto-socorro e tomou todas as iniciativas para interná-la.

**SIMONE**
> **"** Quando chegamos ao hospital, o médico de plantão era irmão do ex-chefe da minha mãe. Ele falou: 'Você vai ser internada agora. Está aqui o encaminhamento'. No dia seguinte, fiz um exame para saber por que eu estava com sangramento e risco de aborto. A placenta estava descolada. Segundo o exame, eu estava com duas semanas, e já deu para ver que estava grávida de gêmeos. **"**

Eu fiquei em casa enquanto ela passou a noite no hospital. No outro dia, foi a uma clínica fazer um exame de ultrassonografia. Ao entrar na sala do exame, estava em jejum ainda, muito triste, toda deprimida, toda fraca. Eu e o irmão dela ficamos olhando um para o outro, sem dizer nada. De repente, ela saiu toda contente.

— O que foi, Simone? Aconteceu algo com o neném?

— Aconteceu o que a minha irmã tinha dito — ela respondeu.

A irmã dela tinha tido um sonho de que teríamos gêmeos. E eu quis saber o que ela tinha dito, porque não lembrava direito. Fiquei um pouco incrédulo, com receio de sonhar demais. Mas o meu cunhado sempre muito sério já estava até chorando.

Era uma gravidez de gêmeos e, por isso mesmo, uma gravidez de risco, tendo em vista o quadro da mãe. Um menino e uma menina! E eu continuava cumprindo a minha promessa. Fiquei sem jogar futebol até que eles completaram 1 ano de vida.

Fui correndo ligar para o meu pai, e ele me disse:

— Agora, você vai ter que voltar a jogar e correr dobrado. Tem duas bocas a mais para alimentar!

Claro que eles ficaram muito felizes, mas tiveram que nos ajudar muito nesse período. A Simone foi afastada do trabalho e não podia fazer o mínimo esforço. Ficou deitada a gravidez toda. E passava mais tempo no hospital do que em casa. Ou de casa para o hospital, e do hospital para casa. Eles nasceram de 8 meses no dia 24 de fevereiro: Helen e Helam. A Helen teve mais dificuldade na gestação, porque o cordão umbilical passava pelo pescoço dela e a impossibilitava de se alimentar. Certa vez, chegou a levar um choque na barriga pra ver se reanimava, e a Simone ficou hospitalizada novamente. O nome do Helam é o nome do meu pai. Ele também é Zampier Neto, como eu.

Com muita ajuda, eu pude terminar os estudos enquanto trabalhava. No primeiro aniversário das crianças, os meus pais pegaram um avião do Rio e foram nos visitar. Nós não tínhamos nenhum dinheiro no bolso; nada. Mas eles prepararam uma festa completa para os netos. Já tinham tudo planejado. Coisa de avós.

O meu pai me chamou para conversar e disse que eu devia voltar para o futebol porque eu era um bom jogador, um bom zagueiro. Na opinião dele, eu tinha potencial para crescer. Mas eu estava desiludido. Não queria ficar rodando entre times pequenos no interior do Paraná. Ou recebia pouco, ou não recebia, e, quando recebia, chegava atrasado. Muitas vezes, não recebia o salário todo e ganhava muito menos. Eu realmente não queria aquela vida.

No fundo, o meu pai sempre tinha um foco, que eu, muitas vezes, não via. Foram sua insistência constante e persistência que me fizeram voltar. Talvez eu pensasse que a minha época já tivesse passado, tivesse ficado para trás. Eu temia levar uma vida de sofrimento e não suportava ser enrolado, pois acontecem muitas injustiças. E o pior é que o jogador tem que permanecer calado. Mesmo assim, o senhor "Russo" insistiu. Ele me ajudaria a seguir esse caminho. Como tinha acabado de se aposentar, faria todo o possível para que eu seguisse carreira. Ele me apoiaria e disse que não deixaria que a minha família passasse necessidade.

Então voltei para o Francisco Beltrão, o time da cidade da Simone, onde tudo tinha começado. Foi um ano bom para mim. O time era da segunda divisão do Campeonato Paranaense, e de lá fui para o Cianorte Futebol Clube, do norte do Paraná, no final de 2008, quando a minha carreira deslanchou. Desde então, não parei de jogar. No ano seguinte, consegui uma oportunidade estável no Guarani, de Campinas. Para mim representava um grande avanço porque se tratava de um clube grande de São Paulo e campeão brasileiro... além de um salário muito melhor.

Ainda me faltava o último jogo no Cianorte para terminar a rodada, e eu pensei que seria melhor não jogar, uma vez que já havia acertado o meu passe para o Guarani. Conversei com o diretor e disse que preferia não jogar, mas acabei sendo convencido a jogar o último jogo. Para minha desilusão, rompi um ligamento do joelho no jogo. Novamente surgiu aquele pensamento que me perseguia: "A minha chance de crescer no futebol acabou de vez. Se eu tinha alguma chance de ganhar mais e ter uma carreira de projeção, já era...".

Fiz uma cirurgia ainda no Cianorte em 2009 e de lá parti para o Guarani, onde concluí a minha recuperação. O clube aceitou que eu fosse e, quando eu estivesse recuperado e bom, eles me contratariam. E eu me recuperei. Continuei no Guarani até o início de 2010, quando fui emprestado para o Metropolitano, de Blumenau. Na época, não estava jogando um bom futebol ainda por causa da recuperação e, no final de 2010, voltei para o Guarani.

Infelizmente, o clube não ia muito bem na série A do Campeonato Brasileiro e acabou caindo para a segunda divisão. Em 2011, comecei a jogar pelo time na segunda divisão do Campeonato Paulista. Graças a Deus, fomos vice-campeões da segunda divisão; por isso, voltamos à primeira divisão.

O futebol é feito de idas e vindas. E a minha vida sempre foi marcada por essas jogadas. A minha e a de muitos como eu. Outros dirão o mesmo em suas profissões. E é verdade. Cada um sabe as penas e as vitórias do dia a dia.

Quando tudo parecia ir melhor, tive outra lesão. Dessa vez foi no púbis. Além disso, o Guarani passava por uma acentuada dificuldade financeira. Depois da cirurgia, eu fiquei seis meses sem salário, ou seja, de 2011 até o início de 2012. Era algo que eu realmente não esperava, porque em 2009 eu tinha ido para Campinas sozinho. A Simone e as crianças tinham ficado em Francisco Beltrão até que eu me estabilizasse. Quando isso *aconteceu, todos eles foram para Campinas, e estávamos juntos novamente. E, de repente, seis meses sem salário e toda a minha família comigo.*

*Claro que algumas pessoas nos ajudaram nesse período. Continuei o tratamento com o time da base, mas o ano passou rapidamente. O time profissional já tinha saído de férias, e eu não tinha absolutamente nada. Nem dinheiro para voltar para casa. Tive um período curto de férias e em 2012 voltei para o Guarani Futebol Clube. No campeonato estadual, primeira divisão, fomos para a final contra o Santos. Eu fui muito bem no campeonato, e o time foi vice-campeão paulista. Perdemos a final para o Santos Futebol Clube. Eu pensava que seria vendido após a final porque estava jogando bem, mas, por causa de uma lesão nesse jogo, acabei não sendo vendido. Depois que fiz o tratamento para voltar a jogar, voltei a me machucar e fiquei parado mais uns dois meses. Quando voltei finalmente, já era novembro. Nesse período do ano, em geral, não há negociações de jogadores, e sim em dezembro, no período de férias, depois da temporada. Mas, no meu caso, fui contratado; eu pensei que voltaria para terminar o campeonato da série B no Guarani, mas acabei indo direto pro Santos e comecei a treinar no final desse mesmo ano até que começasse a temporada seguinte. Permaneci no Santos até 2014. Em 2015, vim para a Chapecoense, onde estou até hoje.*

*Mas aconteceu algo em 2014 que considero importante. O Santos jogou contra a Chapecoense, e eu já conhecia o Bruno Rangel (jamais vou esquecê-lo!) porque tinha jogado com ele em 2011 no Guarani. Nesse ano, ele frequentava reuniões de oração e de estudo bíblico no apartamento de um companheiro de equipe no mesmo prédio onde eu morava. Ele sempre foi cristão* e era uma ótima influência. Um cara de caráter firme. Nós subimos juntos com o Guarani para a primeira divisão naquele ano. Em 2012, o Bruno foi embora, e eu permaneci.

Quando nos reencontramos no jogo do Santos contra a Chapecoense, em 2014, ele já estava aqui na cidade de Chapecó. Em 2013, ele tinha sido o artilheiro do campeonato da série B. A Chapecoense saiu da série B em 2013 e subiu em 2014. Até hoje o Bruno é o maior artilheiro do clube e foi o melhor naquele campeonato, marcando 31 gols. Portanto, o Bruno tem uma grande parcela de contribuição para o fato de o clube estar na primeira divisão, porque ele literalmente subiu com o time, fazendo mais da metade dos gols da equipe.

Em 2014, ele e eu estávamos no banco, no jogo do Santos contra a Chape. Ele pela Chapecoense, e eu pelo Santos. Logo depois do jogo, ele me perguntou:

— Você vai renovar com o Santos para a próxima temporada?

— Rangel, não vou, não.

— Por que não, se você jogou bem quando te vi jogando?

— Perdi um pênalti contra o Ituano na final com o Pacaembu lotado, na decisão do Estadual. A torcida quer me matar. Não vou ter muita chance aqui por causa desse pênalti. E acho que não devo ficar.

Eu estava sendo bastante cobrado por causa do pênalti, o que era normal. Perder um pênalti que define uma final pode se transformar em um grande impedimento para o futuro de um jogador. E foi o que aconteceu comigo. Eu estava em um momento excelente da minha carreira, com tudo engatilhado para continuar no clube. Mas, depois de eu perder o pênalti, cessaram todas as conversas de uma renovação praticamente certa. A renovação não aconteceu, e eu não tinha nada definido.

O Rangel me disse que falaria com a Chapecoense e que indicaria o meu nome. Para mim, seria uma honra porque me parecia uma boa equipe. As informações que eu tinha obtido de outros companheiros sempre tinham sido positivas de como o clube funcionava, sobre a equipe técnica e o pessoal de apoio. De fato, a nossa conversa me trouxe muita esperança.

Na verdade, em 2011, quando eu jogava com o Bruno no Guarani, a Chapecoense chegou a entrar em contato comigo e eu só não vim para o clube porque o meu treinador não me deixou ir embora. Nesse meio-tempo, eu já era casado com a Simone, e Chapecó ficava a umas duas horas e meia de onde ela estava morando com a família e as crianças. Então seria o casamento perfeito. Mas acabou não dando certo.

Agora, depois de alguns anos, a Chape já estava na série A e era um time muito superior. Em fevereiro de 2015, recebi uma ligação e vim conhecer o time com o meu pai. No início, a minha família continuou em Santos até que terminasse o período escolar das crianças. O meu pai me ajudou a procurar um apartamento para alugar e organizar detalhes comuns para a mudança. Aquela foi a primeira vez que vimos juntos um jogo da Chapecoense.

A sensação de compartilhar aquele momento com o meu pai foi extraordinária. Ele sempre havia feito parte da minha vida profissional, aconselhando, incentivando e pegando no meu pé. Na verdade, ele nunca desistiu de mim. E isso devo a ele.

Estou feliz e realizado aqui. E hoje, mais do que nunca, sou parte da história deste clube.

Aqui fiz grandes amigos. O tipo de amizade para sair junto, frequentar a casa uns dos outros. E o Bruno Rangel foi um deles, bem como o Gil e o Ananias. Nós nos dávamos bem, e isso incluía *a esposa e os filhos de cada um. Compartilhávamos a mesma fé e brincávamos muito. O nosso companheirismo ultrapassava o ambiente de trabalho. Éramos verdadeiros amigos.*

*No ano passado, depois de passar por uma cirurgia na coluna cervical e voltar a treinar, eu estava meio chateado porque não estava tão bem e me sentia inseguro. No dia do meu aniversário, no CTI, os três apareceram logo cedo com um bolo na mão que tinham comprado na padaria. Jamais me esquecerei daquele "Parabéns pra você!". Estavam conosco o Sérgio Manoel, que infelizmente faleceu no acidente, e o Rafael Bastos, que, embora tenha saído do clube, é alguém com quem eu tenho contato até hoje. Foi um momento inesquecível e de grande apoio para mim.*

*Eles chegaram cantando parabéns e me abraçaram. Quando o Gil me abraçava, era algo sensacional. Era uma amizade sem esperar nada em troca a gente fazia de tudo um pelo outro. Queríamos estar juntos. Às vezes, no treino mesmo, quando um estava meio triste, o outro animava: "Não fica assim, irmão. Tudo tem um tempo certo. Deus está no controle". Sempre um dava força para o outro.*

*Tínhamos um grupo de oração, e nas concentrações sempre fazíamos a nossa reunião. As concentrações sempre acontecem na véspera. E sempre, antes de um jogo, nos reuníamos para cantar e orar. Em geral, o Bruno, o Matheus Biteco e eu líamos um trecho da Bíblia e estudávamos com os demais. Cada dia um dirigia o estudo.*

*Muitos jogadores participavam dessas reuniões. Nunca difundimos uma religião. O nosso objetivo era estudar a Bíblia e falar de Jesus Cristo. O Follmann e o Danilo também participavam. Além deles, o Dener, o Canela, o Thiaguinho, o Gil, o Ananias, o Bruno Rangel, o Gimenes, o Sérgio Manoel, o Arthur*

Maia, o Matheus Biteco e eu estávamos sempre nas reuniões de estudo e oração. Treze. Quase todo o time.

Na concentração, eu dividia o quarto com o Ananias, e o Bruno, com o Gil. Um chamava o outro logo cedo. Um batia na porta do outro para tomar café, e era comum nos juntarmos para jogar futebol no video game no quarto, que ficava lotado. Quando eu não estava na concentração, jogava de casa, on-line, contra eles.

Tínhamos uma convivência de irmãos desde 2015. O Maranhão também fazia parte desse grupo, além do Apodi, que foi embora em 2016. Todos eles participavam dessa festa.

A concentração é sempre uma guerra. A pressão psicológica precisa ser trabalhada e controlada. Nesse sentido, a amizade é muito importante. Fazer parte de uma equipe bem entrosada responde por 50% de um resultado. E isso não só no esporte coletivo, mas também na vida.

Claro que tudo depende muito do jogo. Alguns jogos são mais difíceis porque o confronto é contra times de qualidade superior. Então a tensão é saber que no dia seguinte à concentração será preciso "matar um leão". Todos estão preparados, mas os adversários também estão. E muitas vezes são muito bons.

Um pouco antes de começar um jogo e de entrarmos em campo, o técnico fazia uma pequena preleção e mencionava os defeitos e as qualidades do adversário. Seu objetivo era nos motivar e incentivar, mencionando nossas qualidades e demonstrando como poderíamos ganhar o jogo. Entrávamos no estádio, trocávamos de roupa e nos aquecíamos no campo. Depois voltávamos para fazer uma oração. Em seguida, os dois times se encontravam no corredor, e entrávamos no estádio cheio de gente. Imagina só! O ambiente era eletrizante, principalmente se jogávamos em casa. A torcida sempre esteve ao nosso lado, empurrando e cobrando ao mesmo tempo. Isso também porque sempre lutamos e éramos um grupo aguerrido.

A Chapecoense em 2014 lutou até o último momento, brigou até a penúltima rodada para não cair... e não caiu. Quando cheguei a este time, pensei comigo: "Eu não posso deixar cair agora". Porque eu já havia chegado na série A. Esta era a minha preocupação: não cair de jeito nenhum. Em 2015, ficamos firmes e em 2016 tínhamos praticamente o mesmo time; alguns tinham saído, mas entrou gente boa, e jogamos o Campeonato Brasileiro com certa tranquilidade.

Ganhamos do Botafogo, no Rio; estávamos brigando para ficar entre os seis e ir para a Libertadores, pelo Brasileirão. O time jogou muito bem. Ganhamos também do São Paulo, que jogou melhor do que a nossa equipe, só que nós estávamos numa fase tão boa que soubemos aproveitar cada lance. Sabíamos que, se jogássemos de igual pra igual com o São Paulo, perderíamos. Abriríamos, e eles aproveitariam, porque estavam melhores no jogo. Eles tiveram mais posse de bola, chutaram mais, e, mesmo assim, a bola não entrava. Dito e feito, conseguimos a chance e ganhamos: 2 a 0.

Jogar em um clube de elite é bastante difícil. E mais difícil ainda é manter-se nele. Existe um padrão de exigência muito grande. A pessoa começa a enfrentar os melhores jogadores do país e também começa a ser incluído na lista dos melhores. Estar em um campeonato da série A significa ter nível para fazer parte dele. O jogador começa a se cobrar mais, até porque a cobrança externa é muito maior.

A torcida é outra que sempre cobra do jogador. A do Santos, por exemplo, é enorme. Tem santista em todo lugar do Brasil. Nos momentos bons, é maravilhoso, mas, nos momentos ruins, *o jogador precisa ter muito equilíbrio emocional e psicológico. Quando perdi o pênalti na final do Paulista pelo Santos, em 2014, a psicóloga me chamou porque eu jogaria a partida seguinte da Copa do Brasil. Foi quando ela me disse:*

— Neto, você perdeu o pênalti no último jogo, e por causa disso o Santos perdeu a final. Só que o treinador vai colocar você no próximo jogo. E a partida será na Vila Belmiro. Eu quero saber se você está preparado. O que você me diz? Sabe que os torcedores vão vaiar você por causa do pênalti?

E eu respondi:

— Ju [ela se chamava Juliana], eu já passei tantas coisas ruins na vida. Muitas mesmo. Chegar ao Santos, para mim, foi algo inacreditável. Nem eu acreditava que pudesse chegar a um clube do tamanho do Santos. Mas eu cheguei com muita dificuldade. A minha mulher, os meus filhos, os meus pais e irmãos, todos acreditavam que era possível. Então esse pênalti que eu perdi foi péssimo não só pra mim, como também pra toda a minha família. Eles sabem que eu sou um cara que trabalha sério. Eu não venho no treino para brincar. Eu não perco um dia de trabalho. Eu sempre faço o meu melhor. Se a torcida me vaiar, o que eu posso fazer? Tenho que fazer o melhor, vestindo a camisa do Santos. Se estou aqui hoje, é porque fiz algo para estar aqui. Eu sei que perdi o pênalti, mas tenho consciência de que fiz o melhor dentro de campo. O único jeito de reverter uma vaia é jogar bem. E eu sei que de agora em diante a torcida vai pegar no meu pé...

— Ótimo! — disse ela. — Eu sei que você tem um equilíbrio emocional muito grande. Bola pra frente!

O jogo na Vila Belmiro foi bem difícil. Ganhamos de 2 a 0 na Copa do Brasil contra um time do Mato Grosso. A pressão

> *foi enorme. No primeiro jogo contra essa equipe, tinha sido empate, 0 a 0, fora de casa. Ou seja, tínhamos que ganhar de qualquer jeito. Se fosse empate 0 a 0, então iríamos para os pênaltis. Se fosse 1 a 1, eles passariam. A pressão interna era enorme. Dentro da minha cabeça, eu pensava: "Não posso errar". O maldito pênalti contra o Ituano vinha à minha cabeça, embora eu soubesse que não tinha vacilado durante aquele jogo.*
>
> *Quando entro em campo, ou quando tenho uma dificuldade maior para enfrentar, eu sempre peço a Deus para brilhar, não para passar vergonha. E foi o que fiz nesse jogo e procuro fazer em todos.*

A vida me ensinou muito. Ou a pessoa se afunda, ou levanta a cabeça e vai em frente. Em muitas ocasiões, crescemos e aprendemos com os erros. Não que seja necessário errar para poder acertar, mas, depois de uma falha, um erro, ou vacilada, é preciso levantar e seguir o rumo certo. Pelo menos, enquanto houver vida, há esperança.

### Enquanto há vida, há esperança!

Em ocasiões pós-traumáticas como as que vivi, e muitos familiares dos que perderam pessoas queridas ainda vivem, aprendi ainda mais a focar o alvo correto. Não quero me sentir culpado nem com medo. Não desejo negar o que aconteceu nem sentir remorso por nada. Quero viver de um modo que valha a pena, a fim de alcançar um bem mais precioso.

"Vocês não sabem que de todos os que correm no estádio, apenas um ganha o prêmio? Corram de tal modo que alcancem o prêmio" (1Coríntios 9.24). Esse texto sempre me acompanhou e me faz lembrar do que realmente tem importância na vida. Enquanto no esporte apenas um leva o prêmio, na vida esse prêmio se destina a todos os que corremos e queremos alcançá-lo.

Há um prêmio maior que ultrapassa a vida terrena, e esse eu não quero perder de jeito nenhum! Enquanto estiver aqui, quero correr para chegar lá.

### Uma mulher de fé

> Não posso deixar de falar de uma mulher impressionante de quem tive o privilégio de aprender, observando-a durante todo o tempo em que passava pela dor e pelo medo de perder o marido.
>
> Foi ela quem me ligou naquela madrugada, com o coração angustiado e também desesperada, pedindo que eu orasse pelo Neto. Eu acabara de me deitar uma meia hora antes de seu telefonema.
>
> Eu era o homem de oração, mas ela, a mulher de fé. Eu tinha começado a orar desde a meia-noite naquele dia e já estava em casa. Depois de seu pedido, voltei à igreja para orar com outras pessoas.
>
> Quando a televisão anunciou que haviam cessado as buscas e que não havia nenhum outro sobrevivente, fiquei desesperado e muito preocupado por ela. Em seguida, liguei para saber como ela estava, tentando confortá-la como pastor, mas, na verdade, eu não sabia o que dizer.
>
> Ao atender o telefone, eu lhe disse que Deus, de alguma forma, já tinha nos avisado do que aconteceria, referindo-me ao sonho do Neto, que ele sabia o que estava fazendo e continuava no controle da situação, preparando-a para a possibilidade de dor e perda... Cheguei a dar-lhe os pêsames:
>
> — Filha, você tem que ser forte. Tem dois filhos para criar agora...

Mas ela estava irredutível e, mesmo diante dos noticiários, me disse:

— Não, pastor, eu não acredito que o Neto esteja morto. Ele está vivo! Eu sei que está!

Eu não podia contrariá-la naquele momento. Seria uma forma de aumentar sua dor. Por isso, simplesmente me calei.

Minutos depois, chegou a notícia de que o Neto tinha sido encontrado e estava vivo! Ao mesmo tempo que fiquei feliz, também fiquei envergonhado por não ter tido fé suficiente. Pude aprender com essa mulher de fé chamada Simone.**"**

# CAPÍTULO 2
## UMA DEFESA HISTÓRICA E UM ACIDENTE SEM PRECEDENTES

> O Senhor é o Deus eterno, o Criador de toda a terra. [...] Ele fortalece o cansado e dá grande vigor ao que está sem forças.
>
> Isaías 40.28,29

## Uma defesa histórica

No segundo 37 do minuto 48 do segundo tempo, Danilo Padilha, goleiraço da Chapecoense, faz uma defesa espetacular contra o San Lorenzo, da Argentina, que garantiu a participação da Chape nas finais da Copa Sul-Americana de 2016. Um dos momentos mais emocionantes vividos pelo clube e que entrou para a história do futebol brasileiro.

## Um acidente sem precedentes

Agora me lembro perfeitamente de como tudo aconteceu. Foi chocante, horrível. Algo que transcende a realidade. No dia da viagem, mandei uma mensagem para a Simone pedindo que ela orasse por causa do sonho que eu tinha tido.

Um acidente de magnitude inédita envolvendo uma equipe esportiva. Essa foi a descrição que marcou uma data que deveria ter sido escrita nos registros do esporte com uma manchete muito diferente.

Eu havia tido um sonho muito vívido na sexta-feira anterior ao acidente, em casa, e já havia contado uma parte à Simone antes de viajar para São Paulo e subir naquela terrível aeronave. Premonição para alguns; visão para outros.

Nesse sonho, eu estava em um avião e sabia que estava viajando com o clube, que estávamos indo para um jogo. Era um voo noturno, e chovia. O avião fazia um barulho enorme e, de repente, começava a despencar. A batida era mortal. Eu me levantava encurvado, porque o avião estava todo amassado. Mas pude ver uma porta de emergência que brilhava, acesa, como se me dissesse para passar por ali. Consegui abrir a porta e saí por ela. Era noite. Tudo muito escuro. A chuva não parava, e a visibilidade era muito ruim.

Quando saí do avião, no meu sonho, olhei e só vi mato e árvores. Me meti no meio do mato, com muito frio e chovendo. Lembro de algo como uma colina ou montanha, porque eu descia bem devagarinho para não cair. Eu estava muito debilitado e machucado. Olhava para mim mesmo e via muito sangue no meu corpo. Olhei para trás, porque senti que estava me distanciando do avião, para pedir ajuda a alguém, mas não havia ninguém. De repente, vi quatro pessoas iluminadas que brilhavam muito. Mas eu sabia que não eram anjos. Dava para perceber que eram sobreviventes. "Meu Deus, tem mais gente viva!", falei. Em seguida, acordei.

Hoje, quando penso nesse número, não sei o que ele significou, a não ser que havia mais alguns sobreviventes além de mim. O número não necessariamente precisava ser exato, e sim indicava que havia poucos sobreviventes. De tantos passageiros, só uns poucos restavam, e eu estava entre eles! Aquela porta de emergência era o prenúncio do meu resgate, da minha salvação e de que eu sobreviveria.

Acordei, e já era de manhã. Eu queria contar tudo para a Simone, mas ela não quis ouvir.

— Simone, tive o sonho mais real da minha vida. Um sonho muito real. Tenho que te contar. Sonhei que o avião do clube caía e que eu sobrevivia.

Mas, quando comentei do avião, ela tapou os ouvidos com as mãos e não escutou a parte em que eu disse que sobreviveria. Ela não quis ouvir o sonho de jeito nenhum.

Depois do acidente, quando tudo já tinha passado, ela me disse no Brasil que tinha me visto agitado naquela noite enquanto eu sonhava:

— Eu acordei de madrugada. Acordei com você. Você tremia do último fio de cabelo à ponta dos pés. Você se tremia inteiro na cama e segurava muito a cama, deitado e tremendo. Mas fiquei com medo de te acordar. Eu sabia que você estava tendo um pesadelo.

Ela achou que fosse uma experiência sobrenatural ou algo do tipo que eu estivesse enfrentando.

— Pensei que você estava vendo alguma coisa. Lutando contra algo espiritual — completou ela.

Ela disse isso porque eu já tinha passado por experiências como essa outras vezes. Eu já tinha tido visões em que tentavam me amedrontar. Mas no final Deus sempre me protegia. Certa vez, em Campos do Jordão, quando já estávamos deitados para dormir, vi uma sombra querendo vir sobre mim... Mas, quando orei e clamei pelo nome de Jesus, a sombra desapareceu. Enquanto isso, ela via a minha reação. Ela me viu tremer e começar a suar, do nada. Ao ver o que acontecia comigo, perguntou:

— Meu Deus do céu! O que está acontecendo?

Eu expliquei que tinha tido uma visão ruim e perturbadora, e ela ficou com muito medo por me ver daquela forma.

Por isso, quando lhe contei o meu sonho do avião, ela imediatamente pensou que seria uma visão daquele tipo. E não quis ouvir. Acabou ouvindo apenas a primeira parte: "o avião caía e era da Chapecoense", mas não que eu sobreviveria. Depois tentou fazer contato comigo e me perguntar do sonho, mas eu já estava no voo.

Eu realmente sabia que o avião era da Chape e que havia sobreviventes do time. Quando voltei ao local do acidente, chegou a ser sinistro porque pude ver um morro, e no meu sonho eu descia um morro. Eu me imaginei ali à noite, no frio e na chuva. Era como estar vendo um filme. Para alguns, o que eu tinha na memória era o próprio acidente, mas eu sei muito bem o que sonhei antes de tudo acontecer, e a Simone também sabe disso.

> **SIMONE**
> 
> " Por isso o desespero. Eu não sabia tudo. Não quis ouvir o sonho dele, então eu não sabia o que tinha acontecido. Quando ele me disse: 'Ora pelo pesadelo que eu tive', entrei em desespero. Tanto é assim que, ao falar com a minha amiga, eu disse a ela: 'O Neto teve um pesadelo e ele não me contou tudo o que acontecia. Eu não sei se ele teve outro pesadelo ou se foi o mesmo'. Eu também comentei com os médicos que ele tinha tido um pesadelo no qual o avião da equipe caía, e eles ficaram chocados. Até pensei que eles nem sequer iam acreditar. O doutor Mendonça, que ouviu o sonho, disse em seguida: 'Meu Deus!'. Se eu não me engano, contei também posteriormente ao doutor Sonagli e aos psicólogos. "

Eu tinha que me preparar para a viagem que faríamos em seguida. Antes haveria um jogo contra o Palmeiras em São Paulo e depois viajaríamos à Colômbia. Como eu estava com problemas na panturrilha, o técnico tinha me dito que me pouparia contra o Palmeiras para a final na Colômbia.

— Se você se machucar, não poderá jogar a final; então vou poupar você.

E fez isso com a maioria dos jogadores titulares. Então veio o anúncio da viagem e que iríamos direto de São Paulo. Não voltaríamos a Chapecó.

Na segunda-feira, tomei café, treinamos duro no Centro de Treinamento do São Paulo Futebol Clube, na capital paulista, e saímos do hotel rápido rumo ao aeroporto.

No início pensávamos que iríamos de LaMia em voo direto, mas a Anac não autorizou a entrada da aeronave da LaMia no Brasil. Então o supervisor do clube, que morreu no acidente, nos disse que pegaríamos um voo comercial para a Bolívia e de lá embarcaríamos no avião da LaMia, que estaria à nossa espera.

Quando ele disse isso, gelei. Eu pensei imediatamente no meu pesadelo. "Meu Deus do céu! Isso não vai acontecer!". Foi nesse momento que enviei a mensagem para a Simone, que dizia literalmente: "Ore repreendendo o pesadelo que eu tive!"[1]. Depois ela me disse que orou, mas não se sentia em paz.

Então vi que pequenos detalhes começaram a dar errado. A troca de voo e de aeronave. Almoçar em Guarulhos e sair rápido. Replanejar e esperar por horas. Para mim, tudo isso eram indícios que estavam associados ao sonho que eu tivera.

No entanto, tudo foi bem quando embarcamos de São Paulo para a Bolívia. Um voo tranquilo, em que tudo correu dentro do previsto. No voo de conexão para a Colômbia, da LaMia, eu tentei dormir. Estava sentado bem no meio do avião, do lado direito, ao lado da asa da aeronave.

Havia duas fileiras, com três poltronas em cada. O Bruno Rangel estava sentado na mesma fileira comigo, na janela, e havia uma poltrona vazia entre nós. Eu disse a ele que preferia sentar no corredor e deixar uma poltrona vazia para que pudéssemos ir mais à vontade. Ele estava exausto porque tinha jogado contra o Palmeiras, e eu tinha tido um treinamento muito puxado pela manhã, estava cansado e com sono. O Ananias e o Gil estavam na fila da frente. Depois o Follmann me disse que ele e o Alan estavam atrás de nós. O Danilo estava do outro lado do corredor, um pouco mais à frente.

---

[1] Veja *print* da mensagem original na seção Fotos. [N. do E.]

— Vou dormir — disse ao Bruno. — Cara, vou me esparramar aqui. Você também está cansado, e a gente vai conversando até a hora em que bater o cansaço e o sono chegar.

Mas eu não conseguia dormir. Um pouco depois, veio uma turbulência, e por isso fiquei alerta: "Meu Deus". Olhei para o relógio e pensei: "Já tá chegando, tá chegando... não vai acontecer nada se Deus quiser". Fiquei com muito medo. De repente a aeronave fez um barulho como se algo que estava funcionando tivesse parado. Eram as turbinas! As turbinas deixaram de funcionar. Nenhum ruído de motor; só se escutava o barulho como de um vento muito forte da aeronave cortando o ar, como se o avião estivesse aterrissando, mas com uma velocidade assustadoramente maior. Lembrava o som de vento forte zumbindo na janela, esse som, mas muito forte!

Logo em seguida se apagaram todas as luzes. Era como se a chave de luz de um aparelho de grande potência tivesse sido desligada. O avião ficou totalmente escuro... Foram acesas as luzes de emergência no chão... E comecei a ouvir PI-PI-PI-PI, não sei se das luzes ou de um alerta de colisão. E a primeira coisa que fiz foi pedir muito:

— Jesus, tem misericórdia... tem misericórdia de *nós!* Jesus, tem misericórdia de *nós!*

Não fizemos barulho. Os que estavam acordados oravam. O Follmann me disse depois que me viu orando. Pedíamos a Deus por misericórdia. Muitos pareciam dormir. Não houve gritaria nem correria. Eu sabia que só algo sobrenatural de Deus poderia nos ajudar.

O avião começou a descer, descer, descer. Eu fiquei esperando que alguém da cabine nos dissesse algo. Mas nem o piloto nem a comissária de bordo nos disseram ABSOLUTAMENTE nada. Tinha alguma coisa errada. E eu continuava orando. E nada. Nenhuma informação.

— Jesus, tem misericórdia. Não permita que isso aconteça conosco... não permita, Senhor...

Eu olhava em redor e não via nada. Olhei para o Bruno do meu lado, nos entreolhamos muito rapidamente. Ele olhou para o alto, olhou pela janela e baixou a cabeça. Parecia estar concentrado em oração. Era possível ouvir balbucios de orações vindos de todas as direções.

Eu dizia para mim mesmo: "Não pode ser. Isso não está acontecendo com a gente".

E o som PI-PI-PI-PI continuava dentro do avião. Até hoje me lembro desse alarme. Fiz uma oração, uma verdadeira súplica em voz alta:

> Jesus, tu fizeste um montão de milagres. Eu li na Bíblia. Eu li que tu fizeste um monte de milagres. Tu podes fazer mais este, Jesus. Tem misericórdia de nós, Jesus. Tu és poderoso. Tu és o piloto desta máquina. Tu és o nosso piloto. És tu quem está pilotando este avião. Nos ajuda, por favor, Jesus. Tem misericórdia de nós...

Não havia mais jeito, a colisão estava clara! Foi então que gritei:
— FILHO DE DAVI, TEM MISERICÓRDIA DE NÓS!

Depois disso, não me lembro de mais nada. Tive um apagão geral de memória.

Creio que nesse momento o avião caiu de vez e bateu na região do monte Gordo. Segundo entendi, o piloto puxou a alavanca e o avião bateu de barriga e, ao fazer isso, a parte do meio para a frente, onde estávamos eu, o Follmann e o Alan, desceu como um parafuso até bater lá embaixo e estraçalhar.

Sei que o Follmann e eu descemos junto com todos os que morreram, mas meu assento foi jogado para um lado, debaixo dos destroços e de árvores, e o dele para outro. A pancada foi tão forte que o Alan foi lançado para fora da funilaria.

O Alan foi o primeiro sobrevivente a ser encontrado. Depois dele, vieram os outros, o Rafael Henzel e os dois da tripulação, que estavam mais na parte de trás da aeronave, que não desceu a colina. Segundo nos disseram, conforme o avião descia rodando, como se fosse um liquidificador, as pessoas iam sendo arremessadas.

## Salvo aos 45 minutos do segundo tempo

Pelo que me informaram, fui resgatado às 4h45 da madrugada, depois da queda da aeronave LaMia, por falta de combustível, por volta das 21h45 do dia anterior. O policial colombiano que me resgatou, o Lengua, disse posteriormente que as buscas já haviam sido dadas como encerradas.

Já não havia médicos, enfermeiros, nada, não havia mais equipe de resgate. Parece que ele decidiu fazer uma última ronda no local antes de partir, quando escutou um barulho, um gemido. Disse ele que parecia o som de um celular vibrando. Em seguida, acendeu o *flash* do celular para ver melhor.

— Tem alguém vivo. Eu acho que tem alguém vivo — gritou ele a seu companheiro.

— Impossível ter alguém vivo aqui! — foi a resposta que o Lengua ouviu de seu companheiro, alguém que eu pude conhecer quando voltei à Colômbia, em um encontro marcante.

O Marlon Lengua ainda continuou incomodado e foi verificar o que era. Foi então que ele descobriu que eu estava debaixo das ferragens do avião. Para piorar as coisas, tinha uma árvore por cima de mim. Logo em seguida, iniciaram a operação de resgate.

Começaram a retirar tudo o que encontravam pelo caminho até que pudessem me tirar de lá. Segundo eles, eu estava acordado e aparentemente conseguia ver tudo, mas não podia falar. Eu rangia os dentes com muita força. Uma reação instantânea à dor e ao estado de choque. A dor era insuportável, e a única escapatória era essa.

Eram tantos os ferimentos que precisei reconstruir o nariz e a pálpebra também. A orelha estava pendurada. Um corte enorme na perna. A cabeça, aberta e com o couro cabeludo descolado. Tinha até terra dentro.

## Desejo de ajudar e colaborar no processo de buscas

> Em 28 de novembro de 2016, às 22 horas, recebi uma chamada do aeroporto de Medellín. Ali trabalhava uma companheira na função de comandante no aeroporto. Ela sabia que o acidente tinha acontecido muito perto de onde eu trabalhava, por isso me ligou e disse que havia caído um avião bem perto de onde eu trabalhava e que o comandante, diretor da Polícia Nacional, se dirigia ao local. Em seguida, desligou o telefone.
>
> Eu pensei: 'Deus meu, tenho que fazer alguma coisa. Estou tão perto, e estão precisando de ajuda!'. Como se tratava de um avião grande, isso queria dizer que havia muita gente ferida, e eu queria ajudar. No entanto, na Polícia Nacional, primeiro é preciso seguir o protocolo e pedir autorização, que inicialmente me foi negada, pois a tragédia não estava dentro da minha jurisdição.
>
> Cerca de quinze minutos depois, a comandante do aeroporto volta a me ligar para me dizer que o acidente envolvia um time de futebol do Brasil, da equipe Chapecoense. Nesse caso, não era necessário ter uma autorização, pois, dada a magnitude do problema, toda ajuda era importante. Em seguida, eu me dirigi ao local do acidente.
>
> Eu sabia que precisaríamos de uma caminhonete 4x4 para chegar ao local, uma vez que as superfícies eram de difícil acesso e havia muito lodo em razão das chuvas. Por isso, comecei a pedir esse veículo, que nos foi gentilmente cedido

pela prefeitura. Quando conseguimos o veículo, dirigi-me com outros companheiros ao município de La Unión, Antioquia, à montanha onde tudo acontecera.

Ali perto havia algumas ambulâncias que não podiam chegar até o local preciso, uma vez que não tinham tração nas quatro rodas. Recolhemos uma cinco ou seis macas e subimos a colina a pé; deixamos a caminhonete e as ambulâncias, pois não podiam ultrapassar aquele trecho. Inicialmente não tivemos permissão para continuar, mas eu insisti dizendo que era oficial da Polícia e apenas tinha a intenção de colaborar, não de bisbilhotar.

Ao adentrar na mata, só havia neblina e partes do avião. A cena era dramática. Continuamos a subir a montanha entre as fuselagens até chegar à aeronave, que estava em pedaços, por volta da meia-noite. Éramos cerca de 50 pessoas, e todos buscávamos pessoas com vida. Subimos e descemos o monte várias vezes. Até que foram achando os cinco primeiros sobreviventes. Ao que parece, todo o restante eram corpos, bens dos viajantes e tripulantes, além de pedaços da fuselagem.

Em meio a tudo isso, começou uma forte tempestade, com muita neblina, e as condições ficaram piores ainda. Corríamos o risco de deslizamentos de terra, por isso foram canceladas as buscas, que seriam reiniciadas na manhã seguinte.

Por ordens superiores, ficamos apenas seis policiais para guardar os bens dos viajantes e evitar roubos por parte de pessoas mal-intencionadas.

## O momento do resgate

Depois que foram canceladas as buscas, continuava a chover torrencialmente, um vendaval de fato. Ficamos aí cerca de duas horas. Às 2h37 da manhã, quando as chuvas estavam mais fracas, por algo vindo de Deus, que é grande e sabe como faz e o que faz, eu me afastei de onde estavam os meus companheiros e fui a outro lugar.

Comecei a buscar partes dos destroços e, de repente, escuto um som; um som estranho a tudo o que estava acontecendo ao redor. Era como se alguém se queixasse. Algo do tipo 'ah'. Tratava-se de um som bem baixinho. Continuava chovendo, e o avião emitia um som ininterruptamente: PI-PI-PI-PI, por isso, entre uma coisa e outra, era difícil reconhecer o que eu realmente estava ouvindo.

Chamei um companheiro e pedi que ele tentasse escutar para ver se era o mesmo que eu estava ouvindo. E o som de queixa se repetia a cada 40 segundos ou 1 minuto. Quando eu o ouvi novamente, perguntei: 'Escutou?', e ele me disse: 'Não'.

Quando me disse que não havia escutado nada e que mais parecia um celular que vibrava, todo o meu sonho de ter encontrado uma pessoa com vida foi desfeito e me senti arrasado.

Mesmo assim, voltei a dizer a ele: 'Companheiro, escute outra vez com atenção, em silêncio, pois, quando você menos esperar, pode ser que ouça um gemido'.

Dessa vez, sim, ele me disse: 'Meu tenente, creio que esse gemido é de uma pessoa com vida, de alguém que está se queixando!'.

Foi então que eu fui atravessando tudo o que encontrava pela frente e comecei a chegar perto de onde eu pensava que vinha o som. De fato, ouvi outro gemido e fui escutando cada vez melhor e mais de perto, até o momento em que vi alguém praticamente na minha frente, mas por causa da selva e dos arbustos que havia sobre ele, eu não via praticamente nada.

Estava muito escuro; além disso, a neblina me impedia de ver com clareza. Escutei outro gemido, e dessa vez disse bem alto: 'Aqui há uma pessoa com vida. Pai santo!'.

Consegui ver apenas uma parte do abdômen, porque lentamente se enchia, como alguém que, ao respirar, inala e exala o ar, fazendo o movimento característico da barriga.

'Aqui tem uma pessoa com vida! Venham! Ajudem! Ajudem! Tragam uma lanterna, um facão!'.

Nesse momento, chegaram os outros companheiros e minutos depois trouxeram uma das macas (na qual o colocamos depois) e começamos a operação de resgate. As condições do terreno eram muito difíceis e por vezes o barro chegava até os joelhos. Muitos de nós pensamos que ele pudesse cair, porque, quando nos afundávamos no barro, perdíamos o equilíbrio.

Andamos mais de três quilômetros até que finalmente, às 5 da manhã, o colocamos em um carro que o levou a outro lugar mais estável, onde havia profissionais, além da ambulância, que cuidariam dele e se responsabilizariam pelo restante da operação.

Ainda era preciso levá-lo à clínica médica, e da clínica até o município onde eu trabalhava, mas, como o motorista da ambulância não conhecia muito bem o caminho, eu me ofereci para ir com eles até o hospital: 'Eu conheço a clínica e posso levar vocês por um caminho mais perto', disse. Então um bombeiro desceu do carro, e eu entrei em seu lugar. Isso era por volta das 6h30.

Em seguida, eu os deixei na clínica, contei como tudo havia sucedido e eles nos agradeceram pelo trabalho realizado. Só nos cabia orar e pedir a Deus que orientasse os médicos como instrumentos dele para a recuperação do sobrevivente.

Somente um dia e meio depois de tudo isso, fiquei sabendo de que se tratava de um dos jogadores titulares da Chapecoense. Soube que ele se recuperava aos poucos, mas que estava muito debilitado e que talvez não sobrevivesse por causa de uma infecção. Eu continuava orando por sua vida e para que se recuperasse.

> Certo dia, depois de saber que estava um pouco melhor, passei pela clínica, em um dia de folga, com a intenção de vê-lo e cumprimentá-lo, mas me disseram que naquele momento não era possível. Acabei voltando triste para casa.
>
> Dois dias depois, recebo uma ligação na qual me dizem que Helio Zampier Neto queria falar comigo. Senti uma alegria imensa, pois realmente eu queria falar com ele, porque tinha lutado pela própria vida por muitas horas.
>
> Peguei a moto e percorri duzentos quilômetros, de onde moro até a clínica.
>
> Creio que aquele foi o momento mais bonito de todos que vivi nesse resgate: vê-lo falando e que estava um pouco melhor. Pude abraçá-lo, em meio ao choro, com muito cuidado para não machucá-lo, e dizer a ele que é um guerreiro de Deus e que esse Deus tem grandes coisas para ele, pois ele é perfeito e sabe o que faz."
>
> MARLON LENGUA[2]

É inacreditável que alguém em um momento final de ronda e que não pertencia à equipe de resgate tenha me encontrado! Fui salvo no último momento por alguém pouco provável.

— *Do you speak English?*

Balancei a cabeça em sinal negativo.

— *¿Hablas español?*

Outra vez não.

— Português?

Balancei afirmativamente.

Eu estava em estado de choque, por isso não conseguia dizer nada. Nenhuma palavra.

---

[2] Marlon Lengua é oficial da Polícia Nacional da Colômbia e considerado a pessoa-chave do resgate do Neto com vida. [N. do E.]

Eles me colocaram em cima de uma maca e atravessamos a mata fechada durante uma hora e meia tentando chegar o mais rápido possível. Um veículo 4x4 nos esperava na estrada de terra. E, de lá, para a ambulância, e da ambulância para o hospital.

Literalmente noventa minutos definiram, de alguma maneira, a minha vida — o primeiro e o segundo tempos juntos. A minha grande final estava acontecendo. Correndo mata adentro, mas, dessa vez, sendo defendido, não defendendo. As forças eram mínimas. Mas o meu Deus é grande. A minha comissão técnica tinha chegado a tempo. Ele tinha ouvido a minha oração.

> **HELIO ZAMPIER NETO**
> 
> **"** Literalmente noventa minutos definiram a minha vida — o primeiro e o segundo tempos juntos. A minha grande final estava acontecendo. Correndo mata adentro, mas, dessa vez, sendo defendido, não defendendo. As forças eram mínimas. Mas o meu Deus é grande. A minha comissão técnica tinha chegado a tempo. Ele tinha ouvido a minha oração. **"**

Sete pessoas me carregaram durante uma hora e meia, e outras sete iam na frente cortando árvores, abrindo caminho na mata para que eu pudesse chegar mais rápido até o socorro médico. Meu, isso, sim, foi inacreditável! Eu já tinha sido dado como morto, pois o meu corpo não havia sido encontrado até então.

Helio Hermito Zampier Neto, dado como morto, reviveu! Glória a Deus!

Até chegar à ambulância, eu estava com o grau máximo de hipotermia, por isso não tinha mais nenhuma reação. No entanto, quando cheguei ao hospital, consegui falar alguma coisa, porque já estava aquecido com uma manta térmica que puseram sobre o meu corpo.

A enfermeira Carolina García falou comigo o tempo todo para que eu não perdesse a consciência. Ao que parece, eu não parava de me movimentar, apertando e mordendo os lábios. Nem ela acreditava que eu pudesse sobreviver.

— Neto, eu achei que você não iria voltar... à vida — disse ela.

Quando soube do acidente, a empresa de logística que nos esperava no hotel na Colômbia mandou representantes e repórteres para o hospital onde chegavam os sobreviventes. Um dos rapazes que falavam português esteve comigo para assessorar o pessoal do hospital.

Segundo ele, eu empurrava enfermeiros e enfermeiras, debatia, não deixava ninguém me medicar e pedia para partir: "Deixa eu ir embora. Deixa eu partir. Eu não aguento mais de dor".

Ele falava:

— Calma, vai dar certo.

— Não vai, não, cara. Eu não vou ficar bem. Eu tenho dor no meu corpo TODO. Deixa eu ir embora. Deixa eu partir logo. Eu não estou aguentando mais...

Quando ele viu a minha real situação, chegou a passar mal e não aguentou ficar na sala. Naquele dia, ele pensou que eu não sobreviveria, porque uma placa de sangue escorria da minha cabeça e cobria o meu rosto. "Eu estava lá para ajudar, mas tive que ser ajudado porque nunca vi uma cena daquela", declarou mais tarde. Sem perceber, eu relaxei um pouco o braço, e conseguiram me aplicar morfina, e então pude ser atendido.

Não creio que o Marlon e essas pessoas estivessem ali por mera casualidade. Quando penso nesses detalhes, vejo a mão de Deus cuidando de mim, levando o Marlon para ouvir o meu gemido, e pessoas para me fazer seguir um pouco mais em frente, porque havia uma SAÍDA DE EMERGÊNCIA. Sim, ela estava ali. Eu passei por ela para poder contar esta história.

> No dia do acidente, fui comprar um cartão para presentear minha amiga secreta de um grupo de mulheres de atletas, entre outras, que se reuniam às quartas-feiras, quando o Neto me mandou uma mensagem pedindo que orasse por causa do pesadelo que ele tinha tido.
>
> Logo em seguida, respondi a ele e comecei a orar, pois não sentia paz no meu coração. Continuei andando pelas ruas orando e chorando naquela segunda-feira à tarde muito chuvosa, porque ainda precisava comprar algo para um casamento em que seríamos padrinhos no dia 17 de dezembro. Fiz o que deveria ser feito e fui buscar as crianças na escola. De lá, levei o Helam ao campeonato de futsal.
>
> Acabei encontrando uma amiga e mãe de um coleguinha dos meus filhos e contei a ela brevemente a minha angústia. Ela tentou me acalmar, dizendo que eu deveria ficar tranquila.
>
> Ao chegar em casa, por volta das 19 horas, recebi uma mensagem de outra amiga. Tratava-se da narração de uma carta escrita pelo marido de uma das comissárias de bordo que haviam falecido em um voo da TAM, em Congonhas. Eu fiquei em pânico. Era muita coincidência, e chorei muito. Diante das perguntas das crianças, eu respondia que tinha uma enxaqueca muito forte.
>
> Em seguida, contei a essa minha amiga o pesadelo que o Neto tinha tido. A minha angústia e o meu desespero não passavam, e acabei compartilhando o pesadelo do Neto com a Val, esposa do Gil, e mandei a ela o áudio com a narração que eu tinha recebido. Ela me animou e disse que eu não deveria aceitar nada daquilo que orasse a esse respeito.
>
> Enfim, as horas foram passando, e a angústia por receber uma notícia ou telefonema só aumentava. Eu aguardava ansiosa por algo que me dissesse que todos haviam chegado bem a Medellín, mas isso não aconteceu.

Naquela noite, meus filhos não conseguiam dormir, pois queriam muito falar com o pai, mais do que qualquer outro dia. Eu disse a eles que àquela hora o Neto não poderia atender porque ainda não tinha chegado a Medellín.

A Helen reclamou de dor no ouvido, algo que nunca tinha, e isso só piorava o meu desespero. Eu a peguei nos braços e pedi que dormisse, pois não queria levá-la ao pronto-socorro em uma noite tão chuvosa. Enfim, com muito custo os dois dormiram.

Por volta das 2 horas da manhã, recebi no grupo de esposas dos jogadores uma foto e um áudio. Como o meu celular está programado para não baixar nada de modo automático, quando fui clicar para abrir, a Girlene, esposa do Bruno Rangel, me liga, dizendo: 'Amiga, você viu o que colocaram no grupo?'. Eu disse que não. 'Mas você não está vendo o que está passando na televisão?', perguntou. Eu voltei a dizer que não e perguntei o que estava passando.

Sua voz estava muito aflita, por isso logo me veio à mente o sonho do Neto, aliás ele não saiu da minha cabeça desde as 16 horas da tarde do dia 28/11.

'Estão dizendo que o avião da Chapecoense sumiu do radar', disse ela.

'Pelo amor de Deus, não fale isso, porque o Neto sonhou que esse avião caía', respondi.

Do outro lado da linha, ela pediu que a amparassem, pois começou a passar mal, e eu não ouvi mais sua voz...

Aquilo foi uma bomba. Ao mesmo tempo, as crianças acordaram e já começaram a chamar pelo pai.

— Mãe, cadê o pai? — As crianças costumam dormir comigo quando o Neto viaja e naquele momento estavam no quarto enquanto eu via o que estava acontecendo.

Liguei a TV quando estavam transmitindo a imagem do radar e consequentemente o momento em que haviam perdido qualquer contato. Logo em seguida, mostraram alguns destroços do avião, e era possível ver o símbolo da Chapecoense.

As crianças já estavam na sala comigo e viram as imagens. Começaram a gritar e a chorar, perguntando pelo pai.

A Helen repetia chorando:

— Mãe, eu amo o meu pai. Mãe, eu amo o meu pai. Mãe, eu amo o meu pai. — Ela gosta de fazer charme para o pai, fazendo-se de difícil e quase nunca diz essas coisas. É muito provável que naquele momento ela pensasse que talvez não tivesse a oportunidade de dizer isso a ele e entrou em desespero.

Quanto a mim, tive que engolir o choro e tentar manter a calma. Eu disse:

— Filha, o teu pai sabe que você o ama; ele te conhece. Fica calma. Quando ele voltar, você vai dizer isso para ele.

Já o Helam chorava muito e tremia, mas permanecia mudo.

De tempo em tempo, a Helen voltava a gritar, entrava em pânico, e isso me desestabilizava, porque eu não sabia o que fazer.

Eles ficaram desesperados, e eu também. Em meio a tudo isso, eu tentava raciocinar para ver com quem podia falar. A quem podia pedir ajuda. Enviei uma mensagem para a esposa do presidente do clube perguntando se sabia de alguma coisa. Mas não obtive resposta porque ela estava viajando. Em seguida, telefonei para o meu cunhado, que vive no Rio. Ninguém respondeu. Eu não podia ligar diretamente para os meus sogros porque já são pessoas de idade. Depois, liguei para a minha cunhada, e ela atendeu. Contei a ela sobre o acidente e pedi que eles fossem à casa dos pais do Neto para ficar com eles e dar a notícia pessoalmente.

Finalmente, liguei para o nosso pastor, enviei mensagens para alguns grupos de amigos nossos e telefonei para a minha irmã. Eu esperava ouvir algo diferente, queria ouvir que não era verdade o que estava acontecendo, mas as imagens não davam lugar a dúvidas.

Algum tempo depois, chegaram vários conhecidos, uma vizinha, a professora da escola deles do terceiro ano, a coordenadora do ensino fundamental da escola. Algumas esposas de jogadores também se uniram a mim. Muita gente veio nos apoiar, incluindo a esposa do Moisés Ribeiro, nosso vizinho no prédio, e ele também é jogador da Chapecoense.

Quando começaram a anunciar que havia cinco sobreviventes, eu fiquei mais tranquila e esperava que a lista fosse crescendo. A Helen foi até brincar na casa da vizinha e parecia não se importar, quando, de repente, perguntava:

— Já falaram o nome do meu pai? Já falaram que encontraram meu pai? Meu pai tá vivo. Eu sei que meu pai tá vivo.

Quando voltei a prestar atenção no que transmitiam pela televisão, já havia 25 mortos. Mudei de canal porque achei que fosse um erro. Até então eu pensava que todos estivessem vivos e que tivessem se machucado por causa de um pouso forçado. O tempo foi passando, e eram 74 os mortos. Depois já tinham inclusive a contagem final de quem havia embarcado no voo e de quem não tinha ido.

Para o meu desespero, as buscas foram encerradas, e o Neto foi dado como morto.

'Eu sei que tem gente viva. Não! O Neto está vivo. O meu marido está vivo. Ele vai voltar. A equipe de resgate tem que mandar alguém lá pra ver. Não podem encerrar as buscas', eu repetia em voz alta na frente da TV. Em menos de uma hora, anunciaram o nome do Neto: 'Eu falei, gente, eu falei que tinha mais sobreviventes', segui dizendo. E creio que desmaiei. Porque só me lembro de estar no chão, no tapete. A tensão era enorme.

Somente depois que soube que o pai estava vivo é que Helam foi para a casa de um amigo e dormiu, porque fazia horas que ele não conseguia descansar. Quando eu o trouxe para casa, ele continuou dormindo por muitas horas seguidas.

Estavam aqui também a esposa do Thiaguinho e a esposa do Caramelo. As duas esperavam boas notícias, e eu tentava animá-las: 'Gente, eles também vão ser encontrados'. A mulher do Caramelo desmaiava e vomitava muito, e a do Thiaguinho, que estava grávida, precisou ir ao médico para ver como estava o bebê.

Alguns familiares foram para o clube, pois havia lá uma equipe de apoio psicológico e médico, e várias pessoas, de vários lugares, se voluntariaram para atender os familiares. Havia muita gente sendo atendida em modo acampamento. Era muita tristeza e muito choro em um único lugar.

Algo realmente impressionante foi a solidariedade do povo brasileiro. Pessoas de Chapecó e das regiões vizinhas prontamente se ofereceram para ajudar.

Em seguida, começou a correria para lá e para cá. Eu tinha de resolver como chegar à Colômbia, procurar passagens, voos, até que finalmente o clube conseguiu nos levar. Nesse meio-tempo, recebi a ligação de um médico da Colômbia que dizia que eu devia ir urgentemente para lá porque a situação do Neto era 'muito grave, mas estável'. Esse mesmo médico nos ofereceu hospedagem. Eu agradeci, mas recusei porque já tínhamos o contato do Muñoz, ex-jogador no Brasil, que nos esperaria no aeroporto.

Quando cheguei à Colômbia, no Hospital San Juan de Dios, fui preparada pela equipe médica antes de ver o Neto. O médico me disse que era normal que o Neto estivesse daquele jeito depois de um acidente de avião. Mas eu jamais pensei que fosse tanto. Era uma cena horrível. O pescoço, o rosto e o ombro pareciam uma coisa só. A cor do Neto era outra. Eu nunca tinha visto alguém com aquela cor. Foi um impacto enorme e desestabilizador.**"**[3]

---

[3] Veja em Fotos, uma imagem dessa data.

**❝** O telefone tocou umas 4 horas da manhã. Quem estaria ligando uma hora dessa? Era a Simone. Ela estava muito nervosa e nos informou do acidente. Ligamos a televisão enquanto falávamos com ela. Realmente todos os canais confirmavam a queda do avião em que embarcara a Chapecoense. Eu tentei acalmá-la, pensando que talvez pudesse ser um pouso de emergência. Mas tudo indicava o contrário. Em seguida, falei com o meu irmão, porque tínhamos que informar os nossos pais.

O meu pai e eu fomos para a Colômbia depois de uma semana, porque nem passaporte tínhamos. Só depois de quarenta e oito horas estávamos com o documento. A empresa onde trabalho me ajudou muito e facilitou o processo cedendo-me uma pessoa que conhecia os trâmites. A Chapecoense nos pagou as passagens.

Ao chegar, nós dois revezamos durante o dia para ficar com o Neto.

— Cara, acabou a mamata, levanta daí, que chegou a Pavuna! A Pavuna tá aqui... Eu e o pai vamos levar você de volta pra casa; viemos aqui para ajudar.

Enquanto eu estive lá, procurei levantá-lo, animá-lo.

— Cara, acabou a mamata, levanta daí, que chegou a Pavuna! A Pavuna tá aqui... Eu e o pai vamos levar você de volta pra casa. Tal dia quero ver você sem esse tubo, entendeu? E até sábado eu quero que você já esteja falando...

Graças a Deus, pelo menos acertei o dia em que ele tirou o tubo. Ele conseguiu voltar para casa dois dias antes do prazo que eu tinha previsto.

Antes do retorno, a equipe médica já tinha decidido informar o Neto do acidente. O meu pai me ligou, porque nesse dia tínhamos trocado de horário, e me disse:

— Vem para cá porque a psicóloga liberou falar com o Neto hoje...

Quando cheguei, estavam todos ali, o Mendonça, o Sonagli, o Edson, o trio médico da Colômbia, a Simone, o pastor, a psicóloga e o meu pai.

Foi o doutor Mendonça que perguntou algo como: 'Neto, como foi aquele sonho que você teve?'. E ele descreveu perfeitamente o sonho, e tudo se assemelhava ao acidente. As pessoas começaram a se emocionar, porque de fato tinha sido o que aconteceu. Até os médicos ficaram emocionados. E eu tentava me conter ali, de pé.

Quando o médico disse que não tinha sido só um sonho e que infelizmente o avião tinha caído, é que o Neto começou a se dar conta. Até a psicóloga tentava se segurar. Embora houvesse a barreira do idioma, dava para eles entenderem perfeitamente.

Em seguida, ele quis saber quem tinha sobrevivido. E, à medida que perguntava e ouvia uma resposta negativa, foi perdendo as poucas forças que possuía por saber que seus amigos mais próximos tinham morrido. O médico finalmente disse que o Follmann e o Alan também tinham sobrevivido entre os jogadores, para que ele se tranquilizasse.

Durante a tarde, fiquei com ele no quarto, e, com o passar do tempo, ele foi se lembrando do momento do acidente, até que se lembrou de quando acabou o combustível e os motores pararam de funcionar, e de como orou com veemência pedindo socorro a Deus.**"**

**LEONARDO**

**"** A nossa igreja tem um relógio de oração de 150 horas ininterruptas todos os meses. Na madrugada do dia 29 de novembro, cheguei em casa por volta das 3h15 da manhã. Meia hora depois de me deitar, o telefone toca. Era a Simone.

Ela tinha uma voz de choro e desespero:

— Pastor, ora pelo Neto. O avião do Neto caiu.

A minha esposa já tinha acordado com o toque do telefone, e fomos correndo ligar a televisão. A minha filha também acordou, e fomos ver as notícias que eram transmitidas.

Deixei as mulheres em casa e voltei para a igreja. Lá encontrei um membro intercedendo a Deus; era o turno dele. Nós nos abraçamos, ajoelhamos e choramos, clamando ao Senhor durante algum tempo.

Voltei para casa por volta das 4h15 e continuei acompanhando o noticiário com a minha família. Por volta das 6 horas, a televisão anunciava que não havia mais sobreviventes. Depois de ligar para a Simone, saí da frente do aparelho e fui para a igreja chorar e orar, quando, de repente, o meu filho chegou desesperado dizendo que o Neto tinha sido encontrado vivo!

No dia 30 de novembro, quarta-feira, a minha mulher me ligou dizendo que a Simone ia para a Colômbia, Medellín, e gostaria que eu a acompanhasse. Em caso positivo, sairíamos às 17 horas. Acabamos saindo mais tarde nesse mesmo dia com um vôo disponibilizado pela Chapecoense.

Não faltaram manifestações de apoio de muitos atletas, que entraram em contato oferecendo ajuda: David Braz, do Santos; Leandro Damião, do Flamengo; Baiano, que joga em Brasília; Alan, do Coritiba; Rafael Cabral, do Napoli, na Itália; Thiago Lobo, fisioterapeuta que acompanhou o Gabigol para a Itália, entre tantas outras pessoas que estavam sensibilizadas com a situação.

Vários atletas me ligaram oferecendo ajuda financeira para custear as passagens e as despesas de viagem se necessário fosse.

O nosso contato na Colômbia era León Darío Muñoz, ex-jogador do Palmeiras, que mora em Medellín. Ele nos recebeu em sua casa por três dias. Logo depois, decidimos nos reunir com os médicos e familiares dos sobreviventes e fomos para o mesmo hotel em que estavam hospedados.

O acidente ocorreu na madrugada do dia 29 no Brasil. No dia 30 à noite, Simone e eu viajamos para Medellín e no dia seguinte vimos o Neto no Hospital San Juan de Dios pela manhã. Assim que chegamos, ainda no corredor do hospital, o médico veio ao nosso encontro, olhou para a Simone e disse:

— Você vai ver uma pessoa que caiu de um avião; então mantenha a calma e seja forte.

O Neto estava irreconhecível. Totalmente inchado, repleto de hematomas e escoriações, com drenos nos pulmões, na cabeça e na perna. Estava conectado a dezenas de aparelhos eletrônicos. Tinha a cabeça remendada, porque uma parte do couro cabeludo tinha se desprendido com o impacto. Estava entubado e sedado para manter-se mais calmo.

O primeiro impacto para a Simone foi muito forte. Ela começou a sentir tontura, a pressão caiu, quase desmaiou. Recebeu ajuda médica e, depois, voltou novamente para vê-lo.

O San Juan era um bom hospital, mas pequeno, e não tinha a estrutura necessária para aquela situação. Dois dias depois, o Neto foi transferido para o Hospital San Vicente. Talvez o melhor hospital de Medellín.**"**

**PR. CARLOS**

**"**Além da autorização dos médicos, eu também tive que autorizar a transferência do Neto para o Hospital San Vicente. Era uma responsabilidade enorme. Mas não me arrependo. Os outros sobreviventes já estavam nesse hospital, e o Neto foi o último a ser internado. Foram necessárias umas 15 pessoas para erguê-lo da maca. A coluna dele não podia ser afetada porque tinha sido rompida. Demoraram mais de uma hora para pôr todos os aparelhos e fazer essa mudança. Mais outros quarenta minutos para chegar ao outro hospital.

O Hospital San Vicente era muito maior e com uma estrutura mais confortável para os familiares. No San Juan de Dios, a imprensa sempre dava um jeito de ultrapassar os limites. Chegaram a vestir-se de médico para nos entrevistar e fazer reportagens. Eu preferi não dar entrevistas, porque não tinha condições de dizer nada, e preferi que os médicos cuidassem dessa parte, dando as informações necessárias. Preferi não dizer algo que pudesse ser mal interpretado.

Vi várias vezes o Neto tentando despertar. Ele se agitava e não deixava os enfermeiros em paz. A pressão subia, os batimentos cardíacos estavam alterados. Ele tentava tirar os tubos com raiva e ficava roxo, mas, como estava amarrado, não conseguia se levantar. Ele tinha tanta força e fez isso tantas vezes que tiveram que sedá-lo ainda mais para que se acalmasse. Mas, quando diminuíam a sedação, ele se debatia. Além disso, a ferida na perna começava a necrosar, e era necessário lavar e escovar, tirar toda a secreção. Creio que esse foi um dos momentos mais complicados, quando o Neto esteve realmente mais perto da morte. Depois disso, ele teve a perna grampeada e continuou com o dreno para retirar toda a secreção. E o quadro começou a se estabilizar.

Eu só via preocupação no rosto dos médicos, embora não me dissessem nada claramente. Simplesmente me diziam que não podiam fazer determinado procedimento porque ele precisava ser preservado, ou algo parecido.

Depois de alguns dias, o doutor Janot, pneumologista do Hospital Albert Einstein, foi à Colômbia, porque era disso que o Neto precisava naquele momento. Ele estava enorme, todo inchado. Depois de tomar diurético, foi desinchando e ficou pele e osso. O doutor Janot mudou os medicamentos e os parâmetros de respiração, e de um dia para o outro o

Neto melhorou milagrosamente. Finalmente despertou, depois que retiraram paulatinamente a sedação; aos poucos, falávamos com ele para que nos reconhecesse e não entrasse em pânico. Mas sempre que dormia e acordava não lembrava de mais nada.**"**

## CAPÍTULO 3

# O CAMPEÃO VOLTOU!

> Quando me deito, lembro-me de ti;
> penso em ti durante as vigílias da noite.
>
> Salmos 63.6

❝ No período em que o Neto ficou na Colômbia, eu também fiquei lá, mas os nossos filhos ficaram no Brasil, em Chapecó, com a minha mãe e a minha irmã. Era muito difícil estar longe deles, porque, quando souberam do acidente do pai, ficaram desesperados. Saber que o pai tinha sido encontrado lhes trouxe um alívio enorme. Não chegaram a ver nenhuma imagem, na televisão ou na internet, do pai machucado. Portanto, não faziam ideia de como ele estava realmente.

O Helam enviava todos os dias uma mensagem pedindo para falar com o pai. Queria que ele voltasse para casa, que *nós* voltássemos. Ele pedia para falar com ele insistentemente. A Helen é mais retraída e não demonstrou muito o que sentia, mas sofria igualmente. Ela não desejava ver nada.

Para acalmá-los, eu dizia que era proibido entrar com o celular na UTI porque o médico era muito bravo. Quando o uso fosse liberado, eu pediria que o pai falasse com eles. Mas, claro, esse dia nunca chegava. Eu tive de ocultar a verdade porque o Neto estava em uma situação fisicamente crítica. A aparência dele era horrível. As crianças ficariam em estado de choque se vissem o pai daquele jeito. Muito menos podiam falar com ele, pois estava entubado e, quando foi desentubado, não tinha forças para falar. Ou seja, foram muitos dias sem nenhum tipo de comunicação direta entre eles.

Durante esses dias, eu tentava transmitir segurança aos nossos filhos, dizendo que o pai voltaria, mas a demora tornava tudo mais difícil. A instabilidade do quadro clínico era muito grande, e o Neto não parecia ter nenhuma melhora no início. A ansiedade da situação levou os parentes à

> **SIMONE**
> Colômbia, época na qual ele finalmente começou a apresentar pequenos avanços.
>
> Para mim, lidar com essa situação foi a parte mais difícil. Não saber o que dizer, ver que nem sempre era como eu queria e que dependia totalmente dos médicos, estar à espera de notícias, boas e ruins, ou seja, estar em alerta constante, foi exaustivo. Os nossos filhos finalmente viram o pai quando voltamos para o Brasil. No primeiro dia, lá foram eles. O Helam não queria voltar para casa de jeito nenhum, pois é muito apegado ao pai."

Chegou o grande dia. Eu não via a hora de voltar para o Brasil, mas estava aterrorizado. A ideia de entrar novamente em um avião me dava pavor.

— Simone, eu não quero voltar para o Brasil *de avião*!

— Mas, amor, a gente tem que ir embora.

— Não! Eu NÃO quero ir embora de avião. Não quero voltar de avião. Eu tenho medo!

> **NETO**
> "— Não! Eu NÃO quero ir embora de avião. Não quero voltar de avião. Eu tenho medo!"

Poucos dias depois que despertei do coma, já tendo sido avisado do acidente pelo doutor Mendonça, comecei a lembrar de tudo aos poucos, das lembranças do acidente, de cada detalhe. Lembrei do Bruno Rangel, que estava sentado do meu lado. Eu estava apavorado.

Enfrentar o medo foi algo muito difícil. A vida é cheia de momentos que devemos superar. Quantas situações complicadas, aparentemente sem solução, cruzam o nosso caminho todos os dias, mas ainda têm saída. Outras, no entanto, são realmente irremediáveis, disso eu sabia perfeitamente. Tive que superar os meus medos, com a ajuda de Deus, dos familiares e da Simone. Eu sabia que não estava sozinho.

Desejava muito ver os meus filhos, desejava voltar para Chapecó, estar em casa novamente. E isso me empurrava adiante.

Além da Simone, vieram o doutor Edson Stakonski, que foi o último médico a me acompanhar na UTI, e outros dois médicos da Amil. Subimos em um avião da Amil com estrutura de UTI, por ser essa empresa parceira da Confederação Brasileira de Futebol. Eu fui colocado em uma maca e tentava dormir pelo menos a maior parte do tempo. Fiquei com os olhos fechados, mas nem assim o sono vinha. Enquanto isso, procurava me tranquilizar.

Paramos em Manaus para abastecer o avião. Ali mesmo houve uma homenagem: um jato de água jogado na aeronave pelo corpo de bombeiros. O piloto me avisou:

— É para você essa homenagem.

Um gesto muito bonito e comovente que começava a ter um efeito positivo no meu estado emocional. O meu irmão mais velho, Leonardo, já tinha me falado que gente de várias partes do mundo me conhecia porque acompanhava as notícias e esperava a minha volta e a dos meus companheiros.

— Pra mim?

— É, Neto, é para você. É uma honraria.

Um rapaz em Manaus veio falar comigo, pedindo uma foto. Então comecei a ver que as coisas eram diferentes. Ao chegar a Chapecó, quando estávamos aterrissando, vi o aeroporto cheio, e a torcida da Chapecoense estava lá. Eu não tinha dimensão do que estava acontecendo.

O público nos recebeu com gritos de: "O campeão voltou! O campeão voltou!". Essa foi uma sensação que eu jamais tinha experimentado. Depois de tudo, ser recebido por pessoas que estavam ali só para me apoiar era algo que eu não esperava. Afinal de contas, depois de tudo, eu estava de volta. O Brasil, a minha gente e a minha cidade me recebiam de braços abertos.

Ainda no aeroporto, antes de descer da aeronave, o presidente atual do clube, o senhor Plínio, que não tinha feito a viagem conosco, entrou no avião para falar comigo. Quando nos vimos, choramos muito. Ele não conseguia dizer quase nada; apenas: "Que bom que você está aqui", e chorava. Nós dois chorávamos muito. Ele desistiu de fazer a viagem de última hora porque tinha um compromisso em São Paulo.

O prefeito de Chapecó inicialmente também embarcaria conosco, mas as mudanças de planos interferiram, e foi como tinha que ser. O presidente ficou chateado por não ter ido, mas creio que foi providencial. O prefeito não queria ir sozinho para a Colômbia, e o nosso presidente ficou para acompanhá-lo.

Depois disso, fui de ambulância para o hospital, onde fiquei internado outros sete dias, e ali finalmente pude ver os meus filhos. Jamais esquecerei a sensação maravilhosa e indescritível do nosso reencontro. Eles me olhavam com os olhos bem arregalados porque, claro, me viam numa situação crítica:

— Ei, vocês não vão vir dar um abraço no pai, não? O pai está com saudade!

O Helam e a Helen vieram correndo me dar um abraço, chorando muito, muito..., mas não conseguiram dizer nada. Eu nunca os vi chorar tanto. Um choro de alívio — "Meu pai voltou" — e de tristeza — "mas ele tá todo arrebentado, e o pai de cada um dos meus amigos não está aqui".

A partir desse momento, tive a certeza de que tudo melhoraria e a minha vida começaria a entrar nos eixos. Mas sabia que o processo seria longo e difícil.

Depois que voltei ao Brasil e fiquei hospitalizado, vi todas as imagens que eu não tinha visto enquanto estava na UTI na Colômbia.

Vi vídeos do velório dos meus companheiros no YouTube e de vários outros momentos. Foi nessa fase que eu soube que o Atlético Nacional tinha dado o título para a Chapecoense. Por sinal, uma atitude muito humana a dos nossos irmãos latinos. A vida e a solidariedade ultrapassaram o campo do esporte e da competição. E o amor venceu. A compaixão encontrou formas de se expressar e de valorizar a vida e de fazer valer o sentimento que nos une a todos.

Recebi visitas de algumas das viúvas dos companheiros que haviam falecido e pude sentir a dor que invadia o coração dos que tinham sofrido a perda de seus familiares.

Ainda não dava para acreditar que tudo aquilo estava acontecendo realmente. Eu só conseguia acreditar porque via o meu estado... usando fralda, tomando banho na cama, fazendo as minhas necessidades na comadre, sem conseguir comer, falar, ficar em pé, nem me mover. Até para escovar os dentes eu precisava da Simone. Aquela situação mais que precária é que me fazia internalizar o que tinha acontecido.

No entanto, nada disso, me consolava quando pensava que jamais voltaria a ver a maioria dos meus amigos e companheiros de clube.

O dia em que recebi a medalha de campeão da Copa Sul-Americana em Chapecó foi de muita emoção. Eu já tinha noção de como seria. Foi a primeira vez que entrei em campo depois do acidente. Começaram a vir as lembranças dos dias em que eu tinha jogado pela Chapecoense ao lado do Danilo, do Gil, do Cleber Santana, do Ananias, do Rangel, do Kempes. De todos. Lembrava dos jogos, dos treinos, das brincadeiras.

Imaginei o time em campo, cada um jogando em sua posição, onde cada um de nós ficava, e comecei a chorar: "Não é verdade, meu Deus! Isso é um sonho, é um pesadelo que eu tive, e amanhã vou acordar", insistia para mim mesmo. Todos entraram em fila para as homenagens, e choravam muito... Aquilo me desmontou, partiu o meu coração. Algumas das viúvas de jogadores, funcionários e jornalistas também estavam lá.

Antes, eu queria tanto levantar aquele troféu! Tinha sonhado tanto com aquele momento, mas ali não tinha desejo nenhum de fazer isso. Quando chegou a hora, não era vitória. O Follmann levantou o troféu e eu mal encostei nele, porque para mim ser um sobrevivente não me dava a alegria com que tanto tínhamos sonhado. Eu me sentia pequeno e incapaz.

No dia da final da Recopa, em que jogamos contra o Atlético, em Medellín, houve outra homenagem, e nós, os sobreviventes, fomos convidados a falar antes do jogo. O Rafael, o Alan, o Follmann e eu. Estava combinado que, dos jogadores, eu falaria em primeiro lugar, depois do Rafael, mas no final fui o último. Pensei comigo: "O que vou dizer para toda essa gente, além de agradecer, coisa que todos já fizeram?".

Então me lembrei de algo que para mim era mais importante e creio que para as pessoas também:

> "Não espere o avião cair para dizer que ama, para pedir perdão, porque amanhã pode ser muito tarde. O amor de Deus sempre vence, como o amor de Deus venceu em seu Filho, Jesus".

A maior vitória que o homem pode ter é amar e ser amado. É dar e receber amor. Isso não tem preço nem calendário. O amanhã não existe. "Amanhã eu faço", "Amanhã eu falo" não passam de desculpas para deixar tudo para depois. O importante é saber se hoje estamos bem uns com os outros e com Deus.

> **SIMONE**
> 
> " O momento em que foram entregues as medalhas da Copa Sul-Americana foi muito emocionante. Foi aqui em Chapecó, em um jogo amistoso contra o Palmeiras. Muitos dos novos jogadores da Chape tinham sido emprestados, inclusive do próprio Palmeiras. As crianças, familiares dos jogadores, recebiam as medalhas. E eu chorei muito porque imaginei os meus filhos naquele lugar. Poderiam ser eles recebendo aquela medalha. Eu não tinha forças de vê-las. A meu ver, foi um dos momentos mais duros, porque elas estavam ali porque seus pais tinham morrido com o sonho de conquistá--la. Naquele momento, creio que ainda não parecia ser real. Parecia que a qualquer momento os jogadores iriam chegar. Até hoje tenho a impressão de que eles estão jogando em outro clube e que algum dia a gente vai se encontrar. "

### Tratamento e recuperação

O período de tratamento no Hospital da Unimed em Chapecó foi intensivo. Tomei mais antibióticos e começava a ter pequenos e importantes avanços. Deixei de usar fraldas e comecei a fazer as minhas necessidades por contra própria. Durante o período em que passei hospitalizado na Colômbia, além das fraldas, tomava banho na cama e me alimentava pouco, simplesmente porque não tinha condições de comer. Ali, eu simplesmente tentava sobreviver. Graças a Deus eu estava vivo. Eu tinha sobrevivido.

Como bem diz o ditado, é verdade que depois da tempestade vem a bonança. E ela veio.

Eu já conseguia comer o meu arroz com feijão. Comia bem e com normalidade. Ia ao banheiro, no início com a ajuda de uma cadeira de rodas ou de alguém. E voltei a tomar banho de chuveiro.

A sensação de sentir a água cair no meu rosto e no meu corpo era maravilhosa. Melhor que estar no mar do Caribe ou em qualquer lugar paradisíaco. Voltar a tomar banho era mais que uma experiência rotineira. A água escorria, dando a sensação de mandar embora tantas experiências que começavam a fazer parte do passado. Essa sensação é indescritível e era um pequeno marco de independência e superação que eu desejava recuperar.

Mesmo que fosse uma recuperação mínima e parcial, eu já me sentia extremamente melhor.

Poder andar era outra coisa. Uns dois dias antes de voltar para casa, comecei a usar muletas. O meu médico me mandou ficar de pé com o uso das muletas para começar a exercitar e ganhar segurança. Aos poucos, saí da cama e comecei a sentar numa poltrona que estava ao lado, dentro do quarto. Comecei a ter pequenos avanços com a ajuda da Simone e dos familiares que me visitavam e me acompanhavam. Logo voltaria para casa e com isso várias coisas melhorariam.

A Simone ficou comigo, a meu pedido, o tempo todo no hospital. Os demais familiares, como os meus irmãos e meus pais, vieram estar conosco no começo, mas tinham que voltar à vida normal. Os meus pais já são de idade, portanto não era ideal ficarem muitas horas no hospital, embora me visitassem sempre que possível. Eles nos ajudaram muito ficando com as crianças em Chapecó. Mas eu precisava mesmo era da Simone, naquele momento eu precisava da estabilidade e do aconchego da minha esposa.

Em hospitais, passamos por situações constrangedoras, como precisar de alguém para nos dar banho, escovar os dentes, nos limpar depois de evacuar. Eu não conseguia fazer nada disso bem. A Simone fazia tudo isso para mim, tudo, exatamente tudo que se pode imaginar. Claro que eu não queria outra pessoa fazendo nada disso. Tinha que ser ela.

No dia 22 de dezembro, finalmente recebi alta médica. Fui para casa ainda bastante debilitado, andando de muletas, mas bem devagar. Todos me esperavam em casa: os meus filhos, os meus irmãos e as minhas cunhadas. O Leonardo veio com a esposa e as filhas. Que alegria estar em família!

O Natal se aproximava, e era preciso comemorar em família. Depois de tudo, era tempo de estar mais juntos.

> **LEONARDO**
> 
> **❝** Esse Natal foi seguramente o melhor para toda a família. Creio que o Neto viu que somos uma família unida e que ele tinha nascido na família certa. Os nossos filhos juntos, as minhas filhas, os filhos do Helam e os do Neto. Todos estávamos ali. Foi uma festividade que marcou a nossa união. Houve um momento que, para mim, foi o ápice: quando cada um pôde expressar o que sentia. Cada um do seu jeito podia agradecer a Deus pela vida. Quando chegou a vez da minha mãe, foi um momento mágico. Creio que o Neto e todos nós jamais nos esqueceremos daquela manifestação de amor e carinho por estarmos todos juntos. **❞**

Estar de volta à minha casa era o melhor que me podia acontecer. Estar com os que me querem bem e amam. Os meus pais, os meus irmãos, toda a minha família, e isso inclui o Floquinho, o meu coelho de estimação, que tem um valor enorme para mim. Segundo a Simone, depois do acidente, ele ficou dois dias sem comer, não levantava, não corria pela casa, não reagia. Era como se ele soubesse que tinha sucedido algo e que as coisas não eram as mesmas.

Fiz questão de abraçá-lo e pegá-lo no colo, exatamente como senti que as pessoas tinham feito comigo e, acima de tudo, Deus tinha feito comigo. Ele literalmente me tomou em seus braços e cuidou de mim. O amor dos meus familiares, sobretudo o amor do Pai, foi e é o melhor remédio para a vida, o melhor medicamento para a alma abatida, a melhor terapia para os meus ossos feridos.

> O tempo não volta, nem pode parar
> Mas me dá a chance de recomeçar
> O tempo é tempo, não pode curar
> Mas é no tempo que escolhes me encontrar
> Esquecendo o tempo que passou
> Segurando tua mão, Senhor,
> Eu vou recomeçar...
> (*Tempo*, Daniela Araújo)

"Vai dar certo. Eu estou aqui", Deus falava comigo. "Você vai recomeçar!"

### Efeitos colaterais

Um dos efeitos do acidente foi eu não conseguir dormir bem. Eu passava horas acordado. E, quando me deitava, logo levantava; depois sentava na cama. Ia para a sala. Sentava no sofá e de novo tinha sono. Eu me sentia muito fraco, uma sensação de cansaço profundo, tinha perdido pelo menos 14 quilos embora nessa data já me alimentasse razoavelmente bem.

A realidade é que eu não tinha nenhuma vontade de conversar com ninguém, nem com os meus irmãos, nem com os meus pais. Eu ainda não tinha forças para isso e sempre acabava voltando para o quarto. O peso que sentia dentro de mim era imenso. O ritmo de vida de antes de repente se tornara coisa do passado. Emocionalmente me sentia abatido e vencido.

Cheguei a pedir desculpas para os meus irmãos, porque eu não conseguia responder às expectativas, pelo menos era como me sentia. Ficava um pouco na sala, depois pedia licença e ia para o quarto.

Eu tinha muito sono, tomava muitos remédios e sentia uma fraqueza enorme. Além disso, sentia um grande desconforto na coluna. Por esse motivo, usava um colete lombar para manter a coluna estável e um *brace* na perna para mantê-la imóvel e reta.

Com tudo isso, realmente não conseguia sentir-me confortável sentado. Precisava descansar constantemente e, quando menos se esperava, eu voltava para o quarto. Essa foi a minha rotina durante vários dias.

## Retomando a vida

O doutor Mendonça, o médico do clube, veio em casa diversas vezes e insistiu comigo:

— Neto, a gente quer que você se apresente no dia 6. Você quer tirar um pouco do peso do acidente da sua vida? Eu quero que você seja um atleta contundido, não um acidentado. Que seja um atleta em recuperação, não um acidentado que caiu do avião. Assim, você vai se sentir um pouco melhor e vai colocar a cabeça no lugar.

A primeira vez que eu saí de casa, foi para ir ao clube. Esta foi a minha rotina inicial: de casa para o clube, do clube para casa. Foi uma sensação muito boa poder fazer aquilo que eu amo e estar nesse ambiente outra vez. Mesmo que eu não pudesse jogar bola, aquele ambiente era o meu. Eu estava em casa.

Assim que cheguei ao clube no dia 6 de janeiro, tudo era diferente. As pessoas não eram as mesmas. Era como ser parte do elenco de um filme que não parece ser o mesmo do roteiro. Os meus companheiros não estavam, o então presidente Sandro Luiz Pallaoro, a comissão técnica, roupeiros, fisioterapeutas, assessor de imprensa — todos os que faziam parte do nosso dia a dia já não estavam mais ali. E isso era muito difícil de suportar. Nem mesmo os repórteres, que costumavam pedir entrevista e de alguma forma estavam relacionados ao clube, estavam mais ali.

Eu entrei no vestiário pela primeira vez e ainda tinha fotos dos meus companheiros que tinham morrido. Fotos nossas comemorando, vibrando com um gol, abraçando uns aos outros, levantando as mãos para o céu. Essas fotos tinham sido colocadas desde o início de 2016. Eu olhava para elas e pensava que só três de nós continuávamos vivos: o Alan, o Follmann e eu. "Só nós três, cara!"

O presidente me chamou à frente e me homenageou. Aos poucos, fui retomando a vida e vivendo da melhor maneira, com a sensação lá no fundo de que, cedo ou tarde, as coisas voltariam ao normal.

Comecei a entender que realmente tinha que superar o que tinha acontecido. Com a ajuda de Deus, eu podia e posso enfrentar todas as dificuldades, porque ele me fortalece. Sozinho eu jamais conseguiria vencer. Tudo o que tenho e conquistei foi porque Deus, que é muito bom, segurou na minha mão e me deu forças para vencer todas as batalhas. E esta talvez seja a maior de todas que eu terei de enfrentar.

Uma batalha, creio, muito mais interna que externa. Apesar de todas as imagens veiculadas, as reportagens, os vídeos, os depoimentos, nenhuma palavra podia expressar o que nós, sobreviventes, sentíamos e ainda sentimos. É algo dentro de nós que precisa encontrar o caminho de volta, ou um novo caminho.

Por isso, eu tinha um desejo e pedido a Deus: "Dá-me forças, ajuda-me, usa-me". Eu sempre pedi a ele que me usasse a fim de que outras pessoas conhecessem o poder que só ele tem para resolver o problema da condição humana e a nossa necessidade de estar reconectado com ele. Eu sei que somente Jesus pode fazer essa reconexão e dar sentido à vida de qualquer pessoa.

E posso garantir com toda a certeza que a minha felicidade está em Cristo. Não em nenhuma situação, não em algo momentâneo, não em pessoas. Passar por toda essa tragédia só me fez ver como eu sou pequeno, como dependo de um Ser Criador, Sustentador, Salvador, que me dá forças para levantar cada dia e seguir em frente.

A minha experiência só trouxe mais sentido à fé que eu já tinha e certeza absoluta de que, enquanto eu viver, levantarei as minhas mãos para adorá-lo:

> "Enquanto eu viver te bendirei,
> e em teu nome levantarei as minhas mãos"
> (Salmos 63.4).

> **PR. CARLOS**
> 
> No dia 15 de dezembro, às 11 horas da manhã, decola o avião UTI da Amil com destino ao Brasil. Helio Zampier Neto e sua esposa, Simone Zampier, retornavam fora de risco. Deus tinha feito um milagre, um grande livramento. Neto voltava com muitos quilos a menos para continuar seu tratamento e recuperação.
> 
> Cheguei ao Brasil no dia 16, sexta-feira, no Aeroporto Internacional de Guarulhos, em São Paulo, e me reencontrei com a minha esposa e a minha filha, além de algumas pessoas da igreja. Fomos diretamente ao Hospital Albert Einstein visitar o Jackson Follmann, que tinha voltado quatro dias antes.
> 
> Lá reencontramos os doutores Marcos e Gustavo, que vieram nos receber com carinho no corredor do hospital.

# CAPÍTULO 4

# ENFRENTANDO O MEU GIGANTE

> **NETO** 66 Voltar a Medellín foi como um rito de passagem. Significou vencer um gigante real e imaginário. Medellín representou e representa recomeço, pois foi aí onde eu nasci de novo. 99

Voltar a Medellín foi como um rito de passagem. Significou vencer um gigante real e imaginário. Medellín representou e representa recomeço, pois foi aí onde eu nasci de novo. Foi nessa terra inesperada onde conheci pessoas que marcaram com chave de ouro esse recomeço.

Há pessoas que passam por momentos dolorosos e jamais querem falar da situação e reviver o momento. Talvez optem por fugir e fingir, escondendo a dor na tentativa de aliviar o sofrimento. Problemas não tratados, assim como doenças não curadas, podem desaparecer por um momento, mas de repente podem vir à tona.

Poder voltar ao local do acidente, acompanhado e apoiado por uma comunidade de amigos, parentes e profissionais que me transmitiam segurança, significou vencer o medo, a insegurança e os fantasmas que me perturbaram por tanto tempo.

Eu tinha uma grande expectativa de voltar a Medellín para reencontrar as pessoas que tinham me ajudado e das quais me lembrava. Enfermeiros e médicos, entre outros. Tinha feito amizades nessa cidade e queria estreitar laços.

Pude rever o Muñoz, ex-jogador do Palmeiras. Ficamos amigos através do meu pastor da Igreja Batista Central de Santos, cidade onde eu tinha morado. E, claro, eu queria revê-lo. Eu desejava ter contato com o povo colombiano, que tanto havia feito por mim, com seu carinho, com suas orações e com seu apoio. Eu pude sentir a fé daquele povo. Por isso, desejava retribuir-lhes de alguma maneira, quer com palavras quer com gestos. Obviamente, nada do que fizesse se compararia ao que eles tinham feito por mim e pela minha família.

Os motoristas Antonio e Miguel foram de grande ajuda para todos nós, e ficamos muito próximos. Conheci nesse país a missionária Sarah, que foi me visitar acompanhada de um grupo. Estes e muitos, que não sou capaz de nomear, foram testemunhas da difícil situação em que eu chegara meses antes a Medellín, e aquele era o momento para que vissem o resultado de sua amizade, de seu carinho e de suas orações.

Eu desejava que vissem como Deus tinha me ajudado e sustentado e que eu estava muito melhor física e psicologicamente.

É incrível pensar que, depois de tão pouco tempo, eu estivesse de volta. Era 9 de maio, e eu já não tinha nenhum medo de voltar àquela cidade. Eu havia atravessado o vale escuro da morte e tinha saído vivo, com mais força e vontade de viver e agradecer. Esse sentimento enchia o meu coração.

Deus tinha me preparado para aquele momento. Cedo ou tarde, eu teria que voltar ao local do acidente. De certa forma, eu esperava que isso acontecesse porque queria ver tudo o que até então não havia visto e expurgar de vez o nó na garganta.

Quando finalmente o avião sobrevoou o monte Gordo, local do acidente, alguém disse: "Foi numa dessas montanhas que o avião bateu". Ouvir essa frase foi o suficiente para que eu começasse a chorar. Chorei o que ainda não tinha chorado. Chorei sozinho, calado. Um aperto dentro do meu peito saía sem fazer muito barulho.

Eu estava ali novamente. Mas estava vivo. Embora aquela tragédia fizesse parte da minha vida, tinha se transformado em superação. Voltar a esse lugar era uma oportunidade única de dizer que estava vivo e de agradecer por tudo o que haviam feito por mim.

Não deixei de pensar novamente que tinha faltado tão pouco para chegar do outro lado e, quando o piloto tinha visto que não chegaria, ele não disse nada para ninguém de dentro da cabine. Ele ficou cerca de sete quilômetros sobrevoando e nos deixou todos só ouvindo um barulho enorme sem saber o que fazer.

Do alto se pode ver muito bem que era uma distância tão pequena... quase se via a pista do aeroporto de tão perto. E por tão pouco uma tragédia tão grande.

Fui tomado por um turbilhão de emoções quando chegamos à cidade. Ao mesmo tempo que enfrentava tristeza, sentia gratidão. Em pouco tempo enfrentaria o jogo da Chapecoense contra o Atlético Nacional e não sabia bem como reagiria ao pisar no campo onde deveríamos ter estado meses antes. Era um misto de passado e presente.

Algo que poderia ter sido e não foi.

> "Senhor, eu não vou perguntar por que isso aconteceu. Eu sei que o Senhor permitiu que acontecesse. Sei também que não era sua vontade. Eu sei que o Senhor tem o controle de todas as coisas e sabe todas as coisas. Eu não quero saber o porquê, mas quero saber para que o Senhor me permitiu permanecer aqui."

Ao aterrissar no Aeroporto Internacional José María Córdova, em Rionegro, eu me emocionei muito.

Entrar no Estádio Atanasio Girardot foi algo inesquecível. O estádio estava lotado.

O jogo contra o Atlético fora muito aguardado por todos nós: direção, comissão técnica, repórteres e profissionais que cobriam a Chapecoense. Muita gente aguardava aquele jogo. Creio que o torcedor brasileiro também estava ansioso, por um motivo ou outro, para ver esse jogo. Pessoas de outros países, torcedores de outros times, de alguma forma, estavam felizes pelo êxito alcançado pela nossa equipe até aquele momento.

Nós já tínhamos visto alguns jogos do Atlético Nacional pela televisão enquanto nos preparávamos taticamente para o jogo, portanto a expectativa era grande, uma vez que a Chape tinha se superado ao longo do campeonato. Tínhamos alcançado metas que, em princípio, pareciam inatingíveis. Ninguém imaginaria que chegássemos à semifinal, muito menos que estivéssemos na final da Copa Sul-Americana de 2016.

Aquele, para mim, teria sido o maior jogo da minha carreira. Do ponto de vista profissional, valia um título internacional. E todo jogador sonha em atingir resultados de maior visibilidade e levantar seu time. Eu não era diferente.

A expectativa era muito boa. Seriam dois jogos. O primeiro em Medellín e o segundo em Curitiba. O nosso preparador físico, Anderson Paixão (que foi uma das 71 vítimas), se reuniu com o grupo e nos disse que jogaríamos contra a equipe titular do Atlético no primeiro jogo, que era muito forte, principalmente jogando em casa. Mas, no segundo jogo, eles entrariam com o time reserva porque a equipe principal participaria do Mundial no Japão.

Quando soubemos disso, em cada atleta cresceu ainda mais a expectativa de ser campeão. Nós nos olhávamos sem acreditar no que ouvíamos e pensávamos: "Deus está ajudando demais... nós seremos campeões!".

Era o título que todos nós queríamos ter. Um título que nos marcaria para sempre.

O objetivo da equipe era ganhar o primeiro jogo contra o Atlético, para, no jogo da volta, em Curitiba, ter uma boa vantagem e, assim, ser campeã. Mas, como sabemos, o jogo não aconteceu. O acidente impediu as duas partidas e mudou todos os nossos planos. Não chegamos a Medellín. Essa cidade agora faria parte da nossa vida como emblema de uma tragédia, não de uma vitória, mesmo que tenhamos ganhado um título.

O título de campeão nos foi cedido pelo Atlético, que entendeu que o merecíamos depois da tragédia que nos assolou. Agora estávamos em Medellín, meses depois do jogo que nunca aconteceu, para o jogo da Recopa.

Poderia ter sido tudo diferente. Segundo tínhamos sonhado, os antigos companheiros estariam nesse jogo, mas não estavam. Agora a Chapecoense estava jogando com uma nova equipe. Ao mesmo tempo que eu estava feliz pelos novos jogadores, tinha muitas saudades do nosso antigo time.

Sempre pensei que faria uma excelente final contra o Atlético. Eu estava confiante antes da tragédia. Sabia que o campo era grande e bom, assim como a equipe do Atlético. Mas nós nos superaríamos.

No entanto, nem sempre as coisas acontecem como planejamos, como bem diz o provérbio: "Nós podemos fazer planos, mas a resposta quem dá é o Senhor" (cf. Provérbios 16.1). E a resposta foi bem diferente do esperado.

Deus sempre tem planos melhores e perfeitos para cada um de nós, ainda que o sofrimento faça parte deles. Eu luto todos os dias para vencer o sofrimento. Os meus companheiros que sobreviveram fazem o mesmo. Os que perderam seus parentes e amigos, com toda a certeza, mais ainda.

Não me esquecerei dos policiais que me resgataram, dos enfermeiros, dos médicos, dos motoristas e da equipe de emergência. Não me esquecerei do Marlon Lengua, que foi a pessoa-chave do meu resgate, mesmo não sendo da equipe de resgate, e que me encontrou entre os escombros e debaixo de uma árvore que me ocultava. Chegamos a conversar um pouco em Medellín enquanto um tentava entender o idioma do outro, mas existia entre nós um idioma que é o maior de todos: o amor. Nos abraçamos, e eu lhe agradeci por sua persistência e pelo trabalho da Polícia Nacional da Colômbia como um todo.

O zagueiro capitão do Atlético Nacional também faz parte dessa lista. Sempre admirei seu futebol e, no final do jogo, entrei no campo e lhe dei um abraço. Nos sentíamos gratos por compartilhar aquela oportunidade.

Pude conhecer o outro policial que estava com o Marlon no dia do resgate. Ele inicialmente não acreditava que havia mais sobreviventes, mas o Marlon insistiu, e por isso fui encontrado. Quando nos vimos em um encontro não premeditado, ele não parava de chorar: "Eu precisava te ver, porque vi você em um estado muito grave. Eu tinha que te ver...". Foi um momento curador para ele e para mim também.

Recebemos muitas homenagens no estádio, palavras de carinho e gestos de compaixão de pessoas verdadeiramente humanas que se importam umas com as outras. Pisar naquele campo, portanto, representou muito para todos nós.

A sensação de estar vivo e de poder recomeçar é alento para a alma, é pisar na grama úmida e se refrescar depois de noventa minutos; é algo que se transmite ao abraçar os companheiros de equipe; é ser recebido com palavras de carinho e gestos de compaixão de torcedores e aficionados.

É beijar a mulher e os filhos. O pai e a mãe. Apoiar os amigos em sua dor e seu luto.

A vida é feita de tempos, e tempos de conquistas e derrotas. O segundo tempo não pode ser desperdiçado. A bola precisa rolar com um time bem entrosado, a zaga tem que chegar junto, o meio de campo tem que fazer a bola fluir para o ataque, e o finalizador tem que matar. Isso sem contar o treinador, a comissão técnica e a galera que solta o grito de "gol".

Eu vivi isso dentro e fora de campo. Todos vivemos isso no campo da vida.

> Para tudo há uma ocasião certa;
> há um tempo certo para cada propósito
>     debaixo do céu:
> Tempo de nascer e tempo de morrer, [...]
> Tempo de chorar e tempo de rir,
> Tempo de prantear e tempo de dançar.
> (Eclesiastes 3.1,2,4)

Eu nasci, vi a morte de perto e renasci. Eu chorei muito, mas agora desejo rir e dançar de alegria porque posso servir de apoio e ajuda para os que sofrem.

E, em caso de haver prorrogação, é preciso tirar forças de onde não existe e alinhar a equipe para a vitória. Deus me tirou de um poço profundo e me trouxe à vida. Até o último segundo, há esperança. Sempre há esperança para recomeçar! Graças a Deus, estou aqui, e ele esteve comigo no segundo tempo e na prorrogação!

# CAPÍTULO 5

# A GUINADA DA FÉ

Entre os anos 2010 e 2012, eu participava de reuniões de oração e estudo bíblico nas concentrações quando estava no Guarani. No prédio onde eu morava, havia reuniões nas casas, e eu sempre as frequentava com a Simone e os meus filhos. Nós gostávamos de participar.

Eu sempre tive interesse pelo evangelho de Cristo, apesar de não ter sido sempre um cristão praticante. Em outras palavras, eu não entendia bem por que era importante ter uma experiência pessoal com Jesus para que ele fosse parte da minha vida. Costumava ir à igreja católica aos domingos, mas não era uma pessoa comprometida com o que cria.

Eu me tornei cristão evangélico em 2014 quando jogava no Santos. Eu morava com minha família na cidade de Santos desde 2012.

Em 2003, eu já tinha ouvido falar do evangelho de Jesus Cristo, quando saí de casa. Nessa época, um atleta do Francisco Beltrão me contou seu testemunho de vida e me falou de sua experiência com Jesus.

Ao mesmo tempo, o meu irmão Helam, Lanzinho para os mais íntimos, também tinha entendido quem era Jesus Cristo e passou a fazer parte dessa família da fé.

Quando eu estava em Santos, comecei a frequentar a Igreja Batista Central, junto com alguns colegas e amigos do clube. Alan Santos, Rafael Cabral, Filipe Anderson, Bruno Peres, todos frequentavam as reuniões sempre que possível. Eles me convidaram para conhecer a igreja, e eu fui.

Da primeira vez, não gostei. Fiquei meio desconfiado. Além disso, não conhecia ninguém. Mas eu gostava mesmo era de ouvir as explicações e os estudos bíblicos, a Palavra de Deus. Passei a ver o que não via e a entender o que desconhecia. Com o tempo, fiz amizade com o pastor Carlos, que foi à Colômbia acompanhando a Simone.

Outro pastor, Wesley, da mesma igreja, e os demais falavam da Palavra de Deus de uma forma diferente. Apesar de eu não me sentir muito ambientado entre os demais frequentadores, sentia uma grande alegria de ouvir o que eles ensinavam e entendia que Deus falava comigo. Realmente quando a pessoa se dispõe a ler a Bíblia e busca a explicação necessária é que começa a ver uma realidade da qual muitas vezes não nos damos conta.

Daí em diante, foi surgindo em mim um interesse maior de ser cristão de fato. Eu não queria viver pela metade ou simplesmente frequentar uma igreja. Entendia que faltava algo. Se Jesus dizia que era preciso eu me batizar e mudar de vida, então eu queria isso para mim. A minha maior vontade era agradar a Deus e ter uma vida que o agradasse. Foi quando decidi me batizar e entregar a minha vida por completo a Jesus e tê-lo como Senhor da minha vida por inteiro.

Desde então comecei a trilhar esse caminho.

Eu já tinha passado por grande parte da turbulência profissional que relatei antes. Por isso, quando olho para trás e vejo todas as dificuldades que passei para chegar até aqui, sei que foi Deus quem me sustentou. Depois de perder um pênalti decisivo, e consequentemente um contrato, e de ter lesionado a região cervical depois de uma pancada, humanamente eu não conseguia me imaginar voltando para o futebol. Fiquei um bom tempo sem treinar, até recobrar todos os movimentos adequadamente. Foi uma fase muito dura.

Durante esses momentos de dificuldades, Jesus esteve ao meu lado. Basta olhar para trás para entender. Finalmente, apesar de críticas, porque elas sempre existem, pude receber um amor infinitamente superior a qualquer outro tipo de amor que o ser humano pode dar. Consegui ver que eu sozinho não era nada e pude entender e receber o amor de Cristo por mim.

A forma de eu retribuir a esse amor foi a minha entrega de vida por completo.

Quando eu fui "resgatado" por Deus de mim mesmo, da minha forma de pensar e ver o mundo, creio que foi ele quem pôs no meu coração esse desejo de conhecê-lo mais de perto. Independentemente do que aconteça, sei que um dia eu encontrarei Jesus e viveremos eternamente, como afirma sua Palavra. Aliás, já sonhei com o céu. Quando eu entrava, era algo lindo e maravilhoso, e Deus me dizia: "Meu filho, eu te esperei muito tempo aqui". Eu chorava muito de alegria, porque não me sentia merecedor de estar ali. Nenhum de nós é.

Nesta caminhada, aprendi que não é bastante dizer-se seguidor de Cristo e amar a Deus apenas com palavras; é preciso deixá-lo feliz com o tipo de pessoa que somos e com o que fazemos, como diz Jesus: "Este povo me honra com os lábios, mas o seu coração está longe de mim" (cf. Mateus 15.7,8).

Eu procuro viver conforme esse ensinamento, pois ele não quer que eu siga uma religião, e sim que tenha um coração que o busque com profundidade. E quem o busca, encontra-o, quem pede, recebe; quem bate, terá a porta aberta (cf. Mateus 7.7).

Eu me abri para ele, e ele entrou.

> "Eis que estou à porta e bato. Se alguém ouvir a minha voz e abrir a porta, entrarei e cearei com ele, e ele comigo."
> (Apocalipse 3.20)

> ❝ Quando o Neto foi contratado pelo Santos Futebol Clube e chegou à Baixada Santista, alguns atletas que frequentavam a nossa igreja o convidaram para conhecer os nossos projetos.

Um deles é o projeto teatral mundialmente conhecido e patenteado que se chama 'Casa do julgamento'. Trata-se de uma peça interativa em que ocorre um acidente e morrem dois jovens. Na encenação, as pessoas vêm o destino daqueles que morrem em Cristo e dos que morrem sem Cristo.

O Neto já conhecia a Bíblia e tinha um coração totalmente aberto para Jesus. Mas foi depois de conhecer esse projeto que ele tomou a decisão de entregar sua vida totalmente a Deus em obediência à Palavra. Em seguida, foi batizado e passou a ter um compromisso maior não somente com Deus, mas também com sua Palavra e sua obra.

Inicialmente, a Simone tinha dúvidas e decidiu esperar. Os meses foram passando, e ambos continuavam frequentando a Igreja Batista Central, em Santos.

Uma coisa, porém, chamava a minha atenção. O Neto estava triste porque a Simone não podia participar com ele do privilégio da ceia, ou da comunhão, de Cristo.

Entre dezembro de 2014 e fevereiro de 2015, o Neto não renovou seu contrato com o Santos. Por causa disso, ele tinha mais tempo e não perdia nenhum encontro de oração da igreja.

Na primeira sexta-feira de fevereiro, houve uma vigília de oração em que ele estava presente. Naquela madrugada, todos se uniram em oração pelo Neto porque todos os atletas já tinham assinado contrato com algum clube, menos ele.

Na semana seguinte, o Neto foi contatado pela Chapecoense e foi conhecer o clube e assinar o contrato. Como ele teve que viajar, a Simone ficou em Santos para resolver a matrícula de escola das crianças, a entrega do apartamento e outros detalhes antes de poder ir para Chapecó, Santa Catarina.

Em março de 2015, quando eu menos esperava, a Simone me procurou e disse:

— Pastor Carlos, eu estou de mudança para Santa Catarina e gostaria muito de ser batizada por você antes de eu me mudar.

Fiquei imensamente feliz por ver a fidelidade de Deus na vida do Neto. Deus respondeu às orações dele, dando-lhe um clube e contrato, honrando suas orações pela Simone e me dando a alegria de batizá-la. **"**

# PRÓXIMO CAPÍTULO

# A VIDA NÃO ACABOU

> Vocês nem sabem o que acontecerá amanhã! Que é a sua vida? *Vocês são como a neblina* que aparece por um pouco de tempo e depois se dissipa.
>
> Tiago 4.14

## O que muda na vida depois de um acidente

O que mudou em relação à vida que eu levava? Tudo.

O meu olhar mudou. O meu modo de ver as coisas depois de tudo o que aconteceu não é o mesmo. A verdade bíblica de que a nossa vida é como a neblina, pois logo é dissipada, é uma verdade inquestionável.

Em outras palavras, a vida voa. Lembro-me pouco do meu avô paterno, pouquíssimo da minha avó paterna, pouco da minha avó materna e praticamente nada do meu avô materno. A vida passou rápido para eles, e seu impacto sobre mim foi aparentemente pequeno. Eu também vou passar. Hoje estou aqui, mas chegará o momento em que não mais estarei.

Por isso, prefiro viver com a perspectiva de que a vida é passageira, pois provei de perto o que isso quer dizer. Perdi amigos jovens, companheiros de trabalho, comissão, direção, repórteres, médicos, fisioterapeuta, assessor de imprensa, massagista, roupeiro, convidados — todos, todos, todos eram jovens. Os mais velhos que estavam naquele avião ainda eram jovens.

Nesse sentido, a vida se tornou mais passageira ainda. Temos que amar hoje, pedir perdão hoje, perdoar e aceitar perdão hoje, amar mais e ser mais feliz. Não esperar o avião cair para pedir perdão, para dizer "Eu te amo" a alguém. Não esperar o avião cair para dar um abraço ou beijo. Cada dia que passa, temos oportunidades de fazer diferença e deixar que o amor vença.

Às vezes, deixamos de fazer um passeio, de abraçar o filho ou a pessoa que queremos tão bem, ou de ir ao cinema, tudo por causa do trabalho, da tristeza ou da correria da vida. No entanto, não devemos nos apegar à tristeza a ponto de ela nos impedir de aproveitar com sabedoria as oportunidades que ganhamos a cada momento. A vida é um presente, e disso eu não tenho a menor dúvida.

Prefiro viver hoje melhor porque amanhã pode ser muito tarde. Pode não existir. Prefiro dar o meu melhor hoje porque talvez eu não esteja aqui amanhã. Eu entendo que sempre fui uma pessoa que valoriza o semelhante e tenta tirar maior proveito da vida, mas agora valorizo mais ainda os detalhes da convivência e os pequenos momentos.

A minha experiência de sobrevivência foi tão forte que não posso deixar de repetir que Deus realmente existe e tem um propósito para a vida de cada um. Ele tem um propósito para a minha vida. Ele tem um propósito para a sua vida. E esse propósito é infinitamente melhor que os nossos planos de sucesso e êxito. Crer nisso e confiar nele transformam a minha perspectiva do hoje, o que me faz ver um amanhã de êxito completo e eterno.

Pensar que a vida termina aqui não teria nenhum sentido, porque esse Deus que falou comigo de modo tão claro sabia o que era melhor para mim. Ele tem uma vontade que se realiza na nossa vida, e conhecê-lo é o que nos motiva a viver mais plenamente e com sentido.

Ainda que eu não compreenda certas coisas que acontecem comigo e com as pessoas que amo — e com aqueles a quem eu amava e que partiram —, confiar que debaixo de suas asas estou seguro é esperança para mim. Não é fatalismo. Não é destino. É ter convicção de que um Ser superior cuida de tudo.

Como Criador dos céus e da terra, é o Deus criador de todas as coisas, pois tudo no mundo foi criado com perfeição por causa de seu amor incondicional pelo ser humano. É preciso crer nesse Deus e crer que ele nos ama para vê-lo como ele realmente é.

Sei que muitos passamos por situações-limite, tragédias, falta de emprego, violência, luto. Mas a culpa não é de Deus; é do ser humano que se corrompe com facilidade. Basta uma pequena chance, e fazemos algo errado, tomamos a decisão menos correta, em geral mais vantajosa para nós, independentemente de isso prejudicar ou não outras pessoas. Isso, quando multiplicado pelo número de habitantes da terra, é assustador!

Temos todo o direito de fazer o que entendemos ser o melhor; afinal, foi uma liberdade que ganhamos, o nosso livre arbítrio. Mas realmente espero poder escolher o melhor e espero o mesmo para você, leitor. As minhas escolhas determinam o meu sucesso, mas também têm repercussão na vida de muitas pessoas.

Jesus disse o seguinte: "No mundo vocês terão aflições, mas tenham ânimo: eu já venci o mundo" (cf. João 16.33). Se ele venceu, e fez isso por nós, nós já somos vitoriosos se o conhecemos e aceitamos.

É só isso o que você tem que fazer!

A vida recomeça no segundo tempo. Não podemos perder a oportunidade.

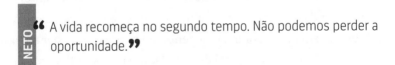

> **NETO** " A vida recomeça no segundo tempo. Não podemos perder a oportunidade. "

Quando Pedro se reencontrou com Jesus depois de tê-lo negado, o amor e a lealdade desse pescador foram desafiados. Pedro não foi ridicularizado em público para aprender a lição. Jesus o confrontou de maneira direta, olho no olho, numa situação em que Pedro não podia fugir nem fingir. Jesus queria simplesmente ter certeza de que seu discípulo o amaria mais que a qualquer outro.

Nesse confronto amoroso, Jesus o faz voltar "ao lugar do acidente", poderíamos assim dizer, reviver a dor interior, colocar para fora o que sentia em um ambiente seguro, amoroso e restaurador, para que ele recebesse a cura e o perdão, e pudesse ter um segundo tempo de profunda alegria, aceitação e propósitos de vida.

No meu caso, e no de muitas pessoas, posso afirmar que a minha fé em Jesus foi e é de fundamental importância para a minha recuperação e para entender a minha caminhada. Conhecer o Pai, aceitar o Filho e caminhar com o Espírito Santo é o que me dá segurança, esperança e compaixão. Segurança de que não estou só. Esperança de uma vida com sentido e propósito. Compaixão por quem sofre e precisa de ânimo e direção.

Ter Jesus ao meu lado é entender que ele me deu um novo propósito na vida. Desde então, pude compreender que seguir em frente é saber o que ele deseja para mim.

Isso não quer dizer ter uma vida sem problemas ou não passar por "turbulências". Muito pelo contrário, creio que a vida de todo ser humano inclui passar por dificuldades, testes, dores e situações sem explicação.

Mas não há dificuldade que dure para sempre. Tudo nesta vida é passageiro, tanto as coisas boas quanto as difíceis de suportar. A nossa vida é, de fato, como a neblina que se esvai rapidamente. Mas o Pai em quem confio, independentemente de eu estar em um momento bom ou ruim, está do meu lado o tempo todo.

Ao longo dos anos, superei meses e meses sem salário, contusões físicas que marcaram a minha vida no futebol e que me roubaram grandes momentos, uma possível esterilização da minha mulher, falta de emprego quando eu já tinha família para sustentar — tudo isso me faz ver como é importante contar com as pessoas que nos querem bem, mas principalmente como é essencial ter um Deus que nos sustenta debaixo de suas asas.

Quando perdi o pênalti contra o Ituano, o rumo da minha vida mudou e eu deixei o Santos; em seguida, vim parar em Chapecó. Até nisso, sei que Deus estava nos bastidores para que hoje eu estivesse na Chape. Depois dessa tragédia, eu só posso confirmar que todas as coisas contribuíram para o meu bem porque confio que Deus tem o controle da História.

Creio que fiquei para contar esta história — a minha história —, para contar um relato de sobrevivência, de superação, mas também para apresentar a você um Deus que existe e nos sustenta de formas que nem sequer imaginamos.

O mundo não termina aqui, neste tempo e na realidade que hoje conhecemos. Eu vi a morte literalmente, fiquei face a face com ela, e creio que existe um lugar para o qual a senha é Jesus. Ele é o convite que me permite entrar nesse mundo. Podemos chamá-lo de céu, de vida eterna, de vida após a morte. A vida com Cristo sempre será eterna. Ele é o caminho para alcançá-la. Por isso, creio no sacrifício de entrega e morte de Jesus por mim e por toda a humanidade, e é por meio desse sacrifício que eu tenho vida, porque ele me dá acesso direto a Deus.

> **SIMONE**
> 
> ❝ 'Quero trazer à memória o que me pode dar esperança' (Lamentações 3.21). Este texto bíblico foi muito importante para que eu mantivesse a esperança em Deus durante a fase crítica do Neto. Foram muitas as dúvidas, e o quadro dele não melhorava enquanto estava em coma. Ele teve três paradas cardíacas e chegou muito perto da morte. Ao olhar para os médicos, eu constatava que parecia não haver solução. E nesses momentos eu me lembrava dessa promessa de Deus. Além disso, ficava me lembrando de quando o Neto me dizia: 'Relaxa, Preta. Deus está no controle'. ❞

## Conforto em meio à dor

Pode passar pela cabeça de alguns a seguinte pergunta: "Como você pode falar tanto em um Deus de amor se ele permitiu que tantas pessoas morressem naquela tragédia?". Sabe, amigo leitor, tenho certeza absoluta de que Deus nunca desejou aquela tragédia. Deus nunca sonharia em tirar pais, filhos, amigos — ele jamais poderia desejar que tamanha dor assolasse tantas vidas, ainda mais de uma vez só.

Mas, sim, ele sabia que isso poderia acontecer. E por isso mesmo me preparou. Exatamente o que levou a tantos erros em sequência, de tantas pessoas diferentes, mas, principalmente, o que levou a tantos erros e mentiras, somente Deus para saber e julgar. Não cabe a nós.

Uma coisa é certa: toda ação tem uma consequência. Toda escolha tem uma consequência. Deus sabia que, se as escolhas continuassem sendo tomadas da mesma forma que vinham sendo feitas, certamente haveria uma tragédia, uma hora ou outra.

Muitas oportunidades foram dadas para que isso não acontecesse. Poderia ter havido uma escala para abastecimento. Poderia ter sido usado o código de emergência para pedir prioridade no pouso. Poderia ter sido negado um voo com uma distância muito equivalente à capacidade da aeronave.

Deus nos dá muitas oportunidades de fazer a coisa certa. Ele certamente também já alertou você, como alerta a mim, quando estamos prestes a cometer um erro. E todos cometemos erros todos os dias.

Naquele voo específico havia muitos riscos, dos quais os passageiros que embarcaram, entre eles eu me incluo, não tínhamos a menor noção de estarmos correndo. Todos embarcamos com o mesmo sonho e a mesma certeza de que chegaríamos ao destino!

"Quero trazer à memória o que me pode dar esperança" (Lamentações 3.21) — este é a partir de hoje o meu propósito: trazer à tona a esperança que me faz crer no amanhã e que pode dar consolo e direção a quem por algum motivo não consegue encontrá-la e precisa de um abraço amigo.

> 'Levanto os meus olhos para os montes e pergunto: De onde me vem o socorro?' (Salmos 121.1)
>
> O aparecimento da Bíblia do Neto naquele momento foi algo extraordinário. O mundo inteiro estava sensibilizado com a situação. Recebíamos encorajamento de todas as partes. Cristãos e pessoas de outras religiões estavam intercedendo pela vida e pela saúde do Neto.
>
> Pude falar por diversas vezes a muita gente que a queda do avião nada tinha a ver com Deus. Tratava-se de uma falha humana, uma falha técnica e também uma falta de responsabilidade. No entanto, que alguém sobreviva em tais circunstâncias, em uma queda tão avassaladora, isso, sim, era a mão de Deus.
>
> Deus não se alegra com as catástrofes, mas ele tem prazer em salvar e resgatar vidas. Não nos cabe questionar por que Deus não salvou todas as pessoas, mas é indiscutível que houve um milagre. Como uma pessoa poderia ser lançada para fora de um avião em meio a toneladas de aço e não ter nenhum osso destroçado? Ainda mais se consideramos que foi o último sobrevivente encontrado, depois de horas de sangramento e em grave hipotermia. Não encontro outra explicação, a não ser a mão do Criador.
>
> Portanto, que alguém encontrasse sua Bíblia naquele momento de incertezas e dor, foi o mesmo que ler o salmo 121. O salmo retrata uma época em que muitos sacrifícios

eram dedicados a um panteão de deuses. Os homens sacrificavam nos montes para satisfazer a ira de vários deuses, esperando contentar todos eles. Mas qual era o verdadeiro Deus? Não sabiam.

Encontrar essa Bíblia foi uma forma de Deus nos mandar um recado: de que ele era o Criador, o Senhor; de que ele era o autor daquele milagre: '[...] que do nascente ao poente saibam todos que não há ninguém além de mim. Eu sou o Senhor, e não há nenhum outro' (Isaías 45.6).

Assim como pessoas do mundo inteiro demonstravam seu amor e carinho pelo Neto, é justo que saibam que foi o Deus do Universo, o Senhor Jesus, quem operara aquele milagre.**"**

# MENSAGEM DE ESPERANÇA

> "Olho nenhum viu,
> ouvido nenhum ouviu,
> mente nenhuma imaginou
> o que Deus preparou
> para aqueles que o amam."
>
> 1Coríntios 2.9

> Ó Deus, tu és o meu Deus,
> eu te busco intensamente;
> a minha alma tem sede de ti!
> Todo o meu ser anseia por ti,
> numa terra seca, exausta e sem água.
>
> Salmos 63.1

Quando a ciência dá algo como perdido, Deus contraria o diagnóstico e muda a história. A última palavra sempre é de Deus. Posso afirmar que Deus realmente mudou a minha história ao permitir que eu estivesse aqui. E isso é mais do que suficiente para que eu diga milhares de vezes: "Muito obrigado, Senhor!".

Posso declarar como o salmista: "O teu amor é melhor do que a vida", ou ainda:

> Ó Deus, tu és o meu Deus,
> eu te busco intensamente;
> a minha alma tem sede de ti!

De fato, saber que a minha Bíblia foi encontrada nesse salmo só reforça o cuidado de Deus e sua soberania sobre todo o Universo, o que me leva a ter sede de conhecê-lo mais intensamente.

Olhando para o passado, vejo a mão de Deus em muitos momentos da minha vida.

Hoje eu sei, por exemplo, que uma pequena placa de titânio colocada no meu pescoço poucos meses antes do acidente por causa de uma contusão muito dolorosa me ajudou a não desarticular as vértebras cervicais, resultando em uma lesão maior ainda nesse acidente.

Em 2016, quando eu estava em um dos melhores momentos da minha carreira e caí no chão depois de uma pancada durante um jogo importante, eu não entendia por que aquilo estava acontecendo. E acabei não jogando a final do Campeonato Catarinense.

Por causa disso, tive que fazer uma cirurgia dolorosa na qual deveria tirar um disco e parafusar uma placa em duas vértebras. No entanto, no dia da operação, depois de finalizar os exames, se verificou a necessidade de tirar dois discos da cervical e parafusar a placa em três vértebras, com seis parafusos. Em geral, quem sofre esse tipo de lesão são esportistas do futebol americano e, quando isso acontece, normalmente deixam de jogar.

Naquele momento a placa era a remediação de um problema; em nada me pareceu positiva. No entanto, depois do acidente na Colômbia e quando acordei do coma, um dos especialistas me disse que um dos motivos para eu estar vivo era a placa que estava no meu pescoço e que me ajudou a manter firme essa parte da cervical.

É o sobrenatural de Deus que muitas vezes não compreendemos em determinado momento, mas que no futuro se revela com clareza.

Como bem disse o especialista, a placa foi um dos elementos que me salvaram. Eu poderia ter tido danos irreparáveis, mas isso não aconteceu. Por isso, quando olho para trás, vejo um Deus que me ajudou e cuidou de mim em muitos momentos da vida, inclusive nesse quando pensei que nunca mais poderia voltar a jogar.

E tenho a certeza de que isso se multiplica na história de vida de cada um. As perdas existem. Há luto. As tragédias se multiplicam, mas ainda assim há esperança.

A canção *Getsêmani*, do Leonardo Gonçalves, é uma das minhas favoritas. Ela me faz pensar em muitas coisas, inclusive nesse amor que, à primeira vista, temos dificuldade de entender quando passamos por determinadas situações. A mensagem por ela transmitida me diz que o meu sofrimento não foi e não é nada comparado ao de Cristo. As minhas perdas não são nada comparadas às dele, que abriu mão de tudo para me dar o que eu sozinho não podia alcançar. Paz. Amor. Compreensão. Vida. Vida hoje e sempre. Uma vida que não termina aqui, mas que apenas tem seu início neste mundo:

>No Getsêmani foi que meu Jesus orou
>Se entregando ao Pai mais uma vez
>Logo vieram pessoas para o levar
>Para a maior das provações
>Ele tanto amou, tudo suportou
>Ele carregou a nossa cruz
>
>Ver os cravos nas mãos, seu corpo a sofrer
>Naqueles momentos de dor
>Ver o mestre a chorar e foi por você
>Que ele mostrou tanto amor
>
>Os soldados cuspiam no seu rosto nu
>Posso ouvir o clamor da multidão
>E Jesus a olhar aquele céu azul
>Pede ao Pai que lhes dê o seu perdão
>Ele tanto amou, tudo suportou
>Ele carregou a nossa cruz
>
>Ver os cravos nas mãos, seu corpo a sofrer
>Naqueles momentos de dor
>Ver o Mestre a chorar e foi por você
>Que ele mostrou tanto amor

> Ele tanto, tanto me amou
> Ele tudo por mim suportou
> Carregou a minha cruz
>
> Ver os cravos nas mãos, seu corpo a sofrer
> Naqueles momentos de dor
> Ver o Mestre a chorar e foi por você
> Que ele mostrou tanto amor
>
> — *Getsêmani*, Leonardo Gonçalves

Eu posso decidir viver com essa perspectiva ou viver pensando que só tenho o hoje e o passado. No entanto, a decisão de Jesus de sofrer por mim, de me amar e de me chamar para perto dele é para que eu olhe para trás e viva o hoje sabendo que o amanhã pode ser diferente.

A morte faz parte desse caminho, e uma hora ou outra a enfrentaremos, mas eu quero chegar a esse momento preparado para me encontrar com Deus. Ele me concedeu uma nova oportunidade de viver, de contar a minha história e de superar as minhas próprias debilidades, simplesmente para dizer que ele tem o controle de todas as coisas, mesmo que muitas vezes não as entendamos.

Querido amigo leitor, Deus tem o controle da situação, mesmo que você não compreenda. Desejo de todo o coração que a paz e o amor de Cristo que me acompanham preencham a nossa vida com profundidade e continuem nos dando a força de que precisamos todos os dias para seguir em frente.

Se ele suportou tudo e venceu por um propósito maior, nós também podemos vencer e ganhar algo mais precioso. Dê a si mesmo uma segunda oportunidade e aproveite o segundo tempo que só ele pode dar a você!

> "Eu sou o caminho, a verdade e a vida. Ninguém vem ao Pai, a não ser por mim" (João 14.6), disse Jesus.

# APÊNDICE

# DEPOIMENTOS DE MÉDICOS E DA IMPRENSA

❝ Eu vi o Neto na madrugada seguinte ao acidente, na Colômbia. Ele estava no Hospital San Juan de Dios, um hospital pequeno na Colômbia. Tinha sido resgatado com êxito da aeronave, oito horas após o acidente, em condições bastante inóspitas. Ele estava com hipotermia, com uma contusão pulmonar muito grave e múltiplos ferimentos, principalmente nas pernas. Estava também em coma induzido, com contusão pulmonar, entubado, em situação bastante precária. Ele chegou a melhorar um pouco nos dias seguintes, depois voltou a piorar, razão pela qual resolvemos transferi-lo para o Hospital San Vicente, que tem mais recursos.

Mas, ainda no Hospital San Juan de Deus, nós interviemos, fizemos uma intervenção na perna esquerda dele e tratamos uma laceração bastante grave. Fizemos toda a limpeza e a reconstrução do tendão patelar do joelho direito e identificamos que ele tinha uma lesão bem complicada na coluna, uma fratura com trauma ligamentar, na coluna dorsal.

Após a transferência para o Hospital San Vicente, ele continuava em estado crítico ainda, entubado, em UTI. Por isso, nós levamos um especialista de São Paulo, o doutor Janot, que deu o suporte necessário de que ele necessitava e que, no meu entendimento, foi a figura fundamental para a recuperação do Neto.

O Neto me contou do sonho e a Simone também. Ele me relatou o que tinha sonhado logo depois de sair do coma, no Hospital San Vicente, e que se assemelhava à cena do acidente. Segundo o sonho, ele sofria um acidente numa aeronave, numa região pantanosa, e tinha uns cinco sobreviventes. Além disso, ele apresentava muita dificuldade de respirar, algo bastante parecido com o que aconteceu.

No início, decidimos não contar nada para ele, dadas as condições clínicas que apresentava. Depois que ele se recuperou um pouco, quando consideramos que era o momento, eu disse a ele que aquele sonho, na verdade, tinha se tornado realidade, e que ele era um dos sobreviventes. Foi bastante difícil falar disso naquele momento; ele estava bastante abalado, mas com muita calma e paciência conseguimos conversar com ele.

O Neto se recuperou muito bem da parte pulmonar, mas está ainda em avaliação do trauma que tem na coluna, com cicatrização dos ligamentos e também do joelho. Foi operado recentemente de cálculos na vesícula biliar e estão sendo monitorados tanto o joelho quanto a coluna."

— **DOUTOR CARLOS HENRIQUE MENDONÇA SILVA**,
*médico da Chapecoense*

"Eu estou na Chapecoense desde meados de 2012. O grupo de 2016 era como uma família. Todos eram muito próximos; um grupo de pessoas bastante religiosas, inclusive. Pessoas de bom coração. Todos faziam parte da equipe, e a nossa convivência com eles era muito próxima.

De uma hora para outra, 71 vidas foram levadas. Pessoas com as quais eu realmente tinha convivido, e que eu conhecia de muito tempo; alguns desde criança, como o nosso amigo Cleberson Silva. Eu tinha uma grande amizade com ele. Mas aconteceu. Perdi um amigão.

Também perdi o doutor Márcio, que fazia parte do nosso departamento médico. Inicialmente eu faria parte do grupo que fez a viagem, mas vejo que agora tive uma segunda chance na vida por não ter ido.

Perceber isso nos faz mudar a rotina, pensar melhor em algumas situações e até mesmo olhar a família com outros olhos. Apesar de a rotina no clube continuar intensa, porque acabamos viajando muito, hoje, ao entrar em um avião, acredito que todos sempre pensamos no pior. Alguns inclusive pensam que, se entrarmos em um avião, eles, ou seja, os demais passageiros, deverão sair, por medo de que algo lhes aconteça. Mas, como todos sabemos, o avião é o meio de transporte mais seguro do mundo. Um número muito maior de pessoas morre por acidente de carro do que de avião.

Enfim, no dia seguinte após esse acidente, nós estivemos em Medellín. Fomos com uma delegação de médicos, entre os quais ortopedistas, cirurgião vascular e um intensivista, com o objetivo de atender os sobreviventes. Não sabíamos com o que depararíamos. Se estavam ou não bem cuidados, se tinham possibilidade de sobreviver. Até aquele momento, não tínhamos informações sobre os casos específicos. O chefe da equipe, o doutor Mendonça, teve uma participação bem maior no bloco cirúrgico com respeito ao Neto, no que se refere a procedimentos e intervenções. Ele ajudou a reconstruir a perna e o ligamento do jogador.

Quanto ao nosso recebimento na Colômbia, posso afirmar que fomos bem recebidos e encontramos uma medicina evoluída nesse país, mais do que imaginávamos de início. As pessoas eram muito bem capacitadas; havia entre eles profissionais com especialização nos Estados Unidos e no Brasil; portanto, já tinham vivido experiências relevantes no âmbito da medicina e estavam preparados para ajudar na recuperação dos nossos atletas.

Só reconheci o Neto pela primeira vez que o vi por seu tamanho, pois ele estava totalmente desfigurado. Na realidade, sobreviveu porque é um homem grande e musculoso, principalmente pela carga muscular e força que tinha antes do acidente, por sua determinação e logicamente pela intervenção de Deus.

No entanto, quando o vi, ele parecia mais um Frankenstein. Era outra pessoa. Inchado e edemaciado. A primeira impressão foi muito ruim realmente. Não só minha, mas também para os médicos que estavam ali. Não podemos nos esquecer de que ele tinha tido trauma torácico, trauma craniano e nas pernas. Só não perdeu nenhuma extremidade porque Deus realmente o segurou. Mas poderia ter acontecido o mesmo que aconteceu com o Jackson Follmann e ter perdido alguma parte do corpo.

Nos primeiros cinco dias, a evolução dele foi tão lenta que foi necessário fazer mudanças terapêuticas, de antibióticos, de conduta, e, se não houvesse ali um especialista em medicina intensiva, o Neto dificilmente teria voltado. Aliás, inicialmente esse era o panorama que víamos. Eu mesmo cheguei a pensar que ele não voltaria vivo para Chapecó.

Quando terminei a minha participação na Colômbia, voltei para Chapecó com o prefeito da cidade no avião Hércules que trouxe parte dos caixões. Voltar com os corpos dos jogadores foi horrível. Eu olhava para trás e lá estavam 30 caixões de pessoas próximas. Os nomes escritos. Um voo com turbulência e muito barulho.

Desde então, só voltei a ver o Neto no clube. Aí também era outra pessoa. Estava bem magro, tinha perdido muito peso e praticamente não tinha massa muscular nenhuma. Como dizem os gaúchos: 'couro e bico', ou couro e osso. Não tinha nada mais.

Mas ele teve um acompanhamento muito bom em que vários especialistas cuidaram dele: infectologistas, intensivistas, pneumologistas, neurologistas e ortopedistas. O doutor Marcos Sonagli, por exemplo, já conhecia o Neto de outro problema vertebral cervical e foi à Colômbia para cuidar dele e continuou cuidando depois de dada a alta médica. A infectologista Carolina Ponzi e outros médicos intensivistas também participaram dentro do CTI dos hospitais.

Graças a Deus, foi ele quem nos trouxe de volta em segurança. Conseguimos trazer o Neto, o Alan, o Rafael e o Follmann para o Brasil. Agora estão em perfeitas condições dentro do possível. Já temos uma grande evolução do Alan, que voltou a treinar com o plantão normal da Chapecoense. O Neto se recupera de uma cirurgia de vesícula e é possível que faça um tratamento ortopédico no joelho. Esperamos que, em breve, ele volte ao campo. Estamos falando de uma pessoa muito determinada e que está decidida a voltar a jogar profissionalmente. Pessoalmente creio que ainda dará muitas alegrias à nossa torcida, pois faz parte do nosso legado.

A primeira vez que o Neto veio ao clube (depois do acidente) foi para dar uma força à equipe. Ele ainda andava com muletas. Atualmente está em fase de transição dentro do gramado, treinando com a bola, mas separado do grupo, com o apoio de um preparador físico.

O grupo de atletas, a comissão técnica, a diretoria — todos o receberam de braços abertos. No que se refere ao departamento médico, ele recebeu uma atenção especial. No que se refere ao âmbito da nutrologia, eu também o oriento, ao lado da nutricionista do clube. E esse atendimento fez que ele voltasse a seu peso normal. A fase atual é monitorar esse tratamento.

Claro que para voltar ele precisa se recuperar totalmente do joelho, principalmente se houver um procedimento cirúrgico. Mas estamos torcendo para que ele volte o mais rápido possível.

Este é um ano de reestruturação. Todos estamos aqui para somar. Pessoas novas. Ideias novas. Departamento novo. Tudo isso é novo para todos nós, mas a vontade e o propósito são os mesmos: que a Chapecoense permaneça um clube grande e faça bonito no Campeonato Brasileiro e em todos os jogos que tenha pela frente. A missão principal continua sendo fazer parte da série de elite do futebol brasileiro.

No dia 1º de janeiro não tínhamos nenhum jogador contratado. Na apresentação dos novos atletas, só havia dois ou três atletas do plantel. Até o fim da primeira semana, foram chegando os demais, e com o tempo chegamos a umas 30 ou 40 pessoas. Todos esperamos que a Chapecoense viva de novo o sonho de ser campeã, mesmo que a equipe seja 100% nova. É preciso entender isso para ter êxito novamente.

De alguma forma, o nosso apoio se estende às famílias dos falecidos, com o objetivo de dar suporte às pessoas que passaram por traumas dessa magnitude. O processo é lento e doloroso, mas, como chapecoense que sou, pretendo ficar nesta cidade até o fim e sonho com reerguer o nosso povo e o nosso futebol. Estamos a caminho!"

— **FABIANO WINCKLER**, *medicina do esporte, nutrologista e dermatologista*

" O Neto estava em sua melhor fase como atleta quando teve que fazer uma cirurgia na cervical em 2016. Passou três meses se recuperando quando chegou a época da Sul-Americana. Ele já estava atingindo o padrão que tinha apresentado no começo daquele ano e de repente aconteceu toda aquela tragédia. Hoje ele recuperou em torno de 40% de sua *performance*. Embora tenha atingido o peso anterior, perdeu muita massa muscular e precisa trabalhar para recuperar isso. O joelho ainda precisa ser fortalecido, porque ele teve duas lesões bastante graves: o estiramento de dois ligamentos principais do joelho, o que afeta a parte biomecânica do órgão, do movimento propriamente dito. Nós estamos trabalhando no sentido de que ele se recupere do ponto de vista muscular, para não correr tanto o risco de danificar esses ligamentos, e fazer todo o possível para evitar uma cirurgia.

No entanto, considerando tudo o que aconteceu, o Neto está muito bem. É um cara que crê muito em Deus, e penso que isso o ajuda certamente em todo o processo de recuperação, desde a aceitação até a superação. Não é fácil sofrer um acidente, perder pessoas queridas, amigos, companheiros do dia a dia, e conseguir levar a vida adiante com normalidade. Quando paro para pensar, nem eu acredito no que aconteceu.

Com respeito ao acidente, ainda busco uma explicação. Inicialmente, eu deveria ter ido ao jogo, mas na hora as passagens foram trocadas. Inclusive, o outro fisioterapeuta que foi no meu lugar veio para o clube pela minha indicação. E isso me fez pensar que eu é que estaria no lugar dele. E pensar isso é complicado.

Imaginar também que, de todos, só voltaram três atletas, faz a gente refletir. É inacreditável. Apesar das dificuldades, cada um está voltando aos poucos e se reintegrando à vida. O Alan já está treinando. O Follmann, apesar das limitações, está bem. E o Neto foi liberado para treinar sob observação.

Um amigo meu de Santa Maria, Rio Grande do Sul, me telefonou na madrugada do acidente para saber se eu estava em casa e me contar do acidente. Ele e eu éramos amigos em comum do Rafael Gobbato, que acabou viajando com o grupo no meu lugar.

Naquele dia chovia muito em Chapecó, e o sinal de TV estava fora do ar. Começaram a chegar mensagens do grupo da comissão perguntando sobre o voo, e em seguida viemos todos para o clube para acompanhar pela TV e pelo rádio cada notícia que chegava.

Quando soubemos que haviam suspendido as buscas e que não havia nenhum outro sobrevivente, jamais imaginamos que o Neto sairia daquela vivo. Ele com toda a certeza tem um trauma para superar, que foi o tempo de espera por socorro em estado de choque, além de todas as outras questões envolvidas.

No último jogo do clube com o San Lorenzo aqui em casa, havia um clima de alegria e de apreensão, porque era algo inédito na história da Chapecoense. Ninguém tinha imaginado que chegaria a uma final da Sul-Americana, mas o grupo estava confiante e muito unido. Eles realmente eram uma família.

No ambiente de trabalho, todos brincavam, e isso incluía o apoio, o presidente e os diretores.

Nesse sentido, a perda nos uniu ainda mais. Ninguém se preocupou só com sua própria área. Era preciso dar algo mais por todos, pelas pessoas que perderam seus parentes. E isso mostrava para quem estava chegando o que era a Chapecoense e a nossa história.

O principal no começo foi mostrar aos novos como o clube funcionava, o espírito do clube, para que assim eles pudessem vestir a camisa da equipe e representar os que tinham literalmente dado a vida para chegar ali. Nesse sentido, a volta dos sobreviventes foi fundamental.

A comparação para quem está chegando ao clube é inevitável, no sentido de buscar imitar algo que foi perdido: 'O Fulano fazia assim, gostava disso ou daquilo'. Não se trata de diminuir ninguém, apenas de recomeçar. Por vezes, é como se fosse uma pré-temporada, onde todos os anos saía boa parte dos atletas e vinham atletas diferentes, mas dessa vez não tinha quem os recepcionasse, nem mesmo o grupo de apoio, massagista, roupeiro, assessor de imprensa etc.

Eu moro em Chapecó há dez anos, mas sou de Santa Maria. Aqui a cidade praticamente gira em torno do clube desde que ele começou a crescer e ascender. Hoje a cidade torce para seu próprio time, respira isso com orgulho, pois também é o único time da cidade.

Com o acidente, a tristeza tomou conta da cidade, que parecia uma cidade-fantasma. Todos ficaram de luto, mas, com a volta dos poucos sobreviventes, houve um ânimo novo, uma esperança.

Hoje a cidade vive esse sentimento de reconstrução, quer superar a tragédia e celebrar a vida!"

— **GUILHERME DIAS CARLI**, *fisioterapeuta da Chapecoense*

"A primeira cirurgia que fizemos no Neto, antes do acidente, foi na coluna cervical. O motivo da cirurgia foi que o Neto tomou uma pancada por trás em um jogo, e isso fez que ele tivesse uma hérnia de disco na cervical que comprimiu a medula naquele momento do jogo. Como resultado, houve uma paralisia do pescoço para baixo, deixando os braços e as pernas paralisados; por esse motivo, o Neto caiu no campo, de rosto para o chão, porque tinha perdido os movimentos. Foi uma paralisia de grau acentuado, contudo reversível.

Foram realizados vários exames, incluindo uma ressonância que indicou essa hérnia que causava a lesão na medula. O primeiro tratamento não incluía uma cirurgia, mas, sim, fisioterapia e remédio. No entanto, caso ele tivesse um novo choque, tudo indicava que isso poderia causar uma nova lesão e dessa vez irreversível. Por isso, optamos pelo tratamento cirúrgico. Embora eu não seja médico do clube, sou eu que faço a avaliação e o tratamento cirúrgico de todos os pacientes do clube no que se refere à coluna. O doutor Mendonça é que é o médico-chefe da parte ortopédica.

O Neto pediu uma segunda avaliação de um médico de São Paulo, que também indicou a cirurgia, mas com uma abordagem um pouco diferente, porém correta. Nós analisamos juntos e decidimos fazer da maneira que propiciasse uma recuperação pós-operatória mais rápida e menos traumática em termos de musculatura, uma vez que ele é zagueiro e precisa dessa musculatura intacta para cabecear, girar e se defender. Estipulamos em torno de três a quatro meses para poder voltar a jogar, mas ele, como alguém que tem uma fé incrível, e capacidade física, mental e espiritual muito forte, conseguiu se recuperar até antes do que imaginávamos. Depois de aproximadamente três meses, o Neto já estava recuperado de uma cirurgia que, em geral, leva seis meses de recuperação. Ele se cuidou e fez o trabalho de fisioterapia muito bem.

Quando eu soube do acidente, fiquei chocado. Eram todos eles conhecidos, amigos ou pacientes que eu tratava. Naquele dia, não consegui continuar trabalhando e imediatamente me prontifiquei ao doutor Mendonça, caso houvesse necessidade. Mas em um primeiro momento já havia uma comitiva de médicos que avaliaria a situação. Em seguida, entrariam em contato comigo, como de fato aconteceu.

Quando eu soube que o Neto estava vivo, me arrepiei. Era como se eu estivesse esperando que o encontrassem, que ele estivesse vivo. 'Calma. Ainda vai acontecer algo mais. Alguma notícia boa.' Há coisas que a medicina não explica. Eu estava recebendo muitas mensagens de colegas que sabiam que eu havia operado o Neto que me diziam que ele tinha sido achado. Vi algumas imagens e reportagens, e comecei a ficar mais tranquilo.

Já na Colômbia, a Simone tinha acabado de me ligar, quando o doutor Mendonça me telefonou: 'Marcos, nós temos o Neto com uma lesão na coluna, o Follmann com uma fratura de coluna e o Alan com uma fratura de coluna; então eu preciso de você'. Eu disse que iria de imediato. Ele também me pediu para assumir a parte ortopédica porque ele voltaria com toda a delegação, exceto o doutor Edson, intensivista e clínico geral, que estaria comigo. Os demais voltariam acompanhando os corpos em dois aviões da FAB.

Cheguei a Medellín no sábado, às 8 horas da manhã. Fui ao hospital depois de passar no hotel e tomar um café, e lá, além dos três jogadores, também estava o Rafael. Fui passando visita no leito de cada um deles. Vi primeiro o Follmann, depois o Rafael e o Alan, e por último o Neto. Ao ver o Neto, realmente fiquei chocado. Ele estava em péssimas condições, em coma induzido, muito machucado. O corpo dele durante todas as horas de resgate foi se consumindo para tentar manter a vida. Para deixar a chama acesa. De todos os pacientes, o Neto foi o caso mais crítico ao longo do tratamento inicial. Eu cheguei a pensar que nós o perderíamos. Essa pequena chama quase apagou e voltou a se acender.

Depois do terceiro ou quarto dia, em que tentávamos reverter a situação de um quadro pulmonar muito grave em que ele praticamente já não conseguia respirar nem por aparelhos, o Neto quase teve uma parada cardíaca. Sempre estávamos atentos, e a Simone sempre entrava em contato conosco, uma vez que o Neto já era meu paciente e eu já tinha laços com a família. A nossa amizade e confiança eram mútuas. Ele e eu ficamos amigos depois da cirurgia, porque tanto o paciente quanto o médico estão no mesmo barco.

Por isso, vê-lo naquela situação foi bastante difícil para mim. No início, ele estava tão mal que eu não pude fazer os exames necessários, como tomografia e ressonância, porque ele não podia ser transportado. Mas nós estávamos bem assessorados, e o Neto deu a volta por cima, com a graça de Deus e o trabalho de toda a equipe. Hoje o Neto é um exemplo de vida e de milagre para todos nós.

Em um dos dias, na própria UTI montamos um pequeno centro cirúrgico e fizemos vários curativos cirúrgicos e limpezas, porque ele tinha uma laceração infecciosa em uma das pernas, com exposição óssea, que precisava ser combatida, e todo o processo demorou relativamente. Em sua perna havia terra, pedaço de metal ou carenagem; tudo isso foi tirado, limpo e curado.

Além disso, como já foi dito, havia a infecção pulmonar como decorrência de uma contusão pulmonar, e uma pneumonia associada. Nossa intenção era que o Neto não tentasse respirar por conta própria, e sim que a máquina fizesse o trabalho dos pulmões, uma vez que os pulmões dele não estavam funcionando; consequentemente, ele relaxaria e descansaria, permitindo que o oxigênio passasse para a corrente sanguínea. Por esse motivo, estava sedado.

Eu estava voltando para o Brasil com o Follmann para tratá-lo em São Paulo, quando a Simone me pediu para fazer parte do grupo que conversou com o Neto sobre o que havia acontecido. O doutor Mendonça, médico-chefe e excelente amigo do Neto, foi quem contou, como já sabemos.

Quando ele confirmou todos os detalhes e foi contando com aquele jeito carioca dele: 'Você não acredita... eu tive o sonho mais real da minha vida', eu me arrepiei todo. Geralmente, eu não choro, mas naquele dia eu entrei em prantos, eu desabei literalmente.

Foi um momento extremamente marcante na minha vida. Eu nunca pensei que alguém pudesse ter uma 'premonição' ou um sonho com detalhes desse tipo sobre o acidente da própria vida. Ele ficou muito preocupado e perguntava para a Simone se ela tinha contado o sonho para 'todo mundo' para que não pensassem que ele estava mentindo.

Antes de partir, passei com o Follmann na maca ao lado do Neto para que eles conversassem um pouco. A essa altura, ele já sabia quem eram os sobreviventes. Eles se viram, e voltamos para o Brasil.

Já no Brasil, depois de São Paulo, levei o Follmann para Chapecó e acompanhei a internação do Neto todos os dias. Até hoje, faço a avaliação da coluna dele, que continua com uma lesão, e por isso é preciso fazer um excelente trabalho de fisioterapia e reforço muscular.

Em qualquer congresso médico, no caso do Neto sugeririam uma cirurgia, mas, se observarmos bem, ela não é necessária, porque a musculatura dele é muito forte; ele tem uma recuperação acima da média. Portanto, este também é um mérito do nosso campeão e guerreiro; um ensinamento de força, vida, crença e fé que ele tem.

Quem for ao local do acidente, se não crê, vai começar a crer, porque ver tudo o que aconteceu e ainda haver sobreviventes com essa qualidade de vida é um milagre. Não foi um pedaço de placa da primeira cirurgia de coluna que salvou o Neto, porque a cirurgia do Neto já estava consolidada e o osso já estava cicatrizado e firme; no entanto, certamente a placa contribuiu e muito para aumentar a estabilidade daquele movimento. Com o acidente, o Neto produziu um movimento tipo chicote, e o pescoço foi para a frente muitas vezes, mas a placa auxiliou a travar esse movimento.

Eu não posso dizer que o Neto está vivo por causa de uma placa. De nenhuma forma. Porque o trauma foi de uma magnitude tão grande que muitas outras variáveis, como traumatismo pulmonar, traumatismo crânio-encefálico, traumatismo de abdômen, traumatismo pélvico, além de muitas outras, poderiam tê-lo levado à morte. A placa ajudou nessa parte sem dúvida alguma, mas há outras partes da medula, um pouco acima da placa, um pouco abaixo da placa, na coluna torácica, na coluna lombar que estavam desprotegidas. Contudo, ele só teve uma fratura na coluna, numa região que só tem nervo, e não lesionou esse nervo.

O que manteve o Neto vivo foi um milagre, não há o que questionar. Um homem de 2 metros de altura poderia ter sofrido muitos outros problemas irreversíveis, mas isso não aconteceu.

Claro que um conjunto de elementos fez total diferença: um policial atento, uma equipe de resgate e apoio, pessoas que abriram as trilhas, o pronto-atendimento na Colômbia, os voluntários, todos os profissionais da saúde aqui e na Colômbia, a família, o pastor que acompanhou a família, sem nos esquecermos também da equipe médica, de reabilitação e administrativa da Chapecoense, da equipe da Unimed, da equipe da Amil, da equipe do Einstein com o doutor Gustavo Janot. Muitos ajudaram e contribuíram para o retorno do jogador, além da própria força de vontade desse touro que é o Neto."

— **MARCOS SONAGLI**, *médico Ortopedista, Traumatologista e Cirurgião de Coluna.*

> Foi importantíssimo pra mim ir a Medellín e visitar o local do acidente. Além disso, estar com os sobreviventes, Neto, Alan, Follmann e Rafael, todos os dias já me preparou para aquele momento. Nós sabíamos que haveria muita agitação e emoção e que seria cansativo, mas foi muito importante viver essa mescla de alegria e tristeza. Porque, afinal de contas, eu estava com a personificação dos milagres bem diante de mim. Eu pude ver que realmente tinha sido um milagre o que eles passaram ao ouvir seus relatos de vida e de esperança; ao mesmo tempo, sentia uma profunda tristeza porque o meu marido não estava ali.
>
> Depois de passar pelo hospital e por muita emoção e reencontros, nos atrasamos e saímos para o local do acidente já no fim da tarde. Fomos de caminhonete até onde havia acesso. Em seguida, continuamos o caminho a pé em pleno meio do mato, orientados por algumas pessoas. Ainda assim, nos perdemos, e isso porque já tinham feito um acesso. Mas imagino, depois do acidente, como deve ter sido difícil, em uma noite com chuva, retirar os corpos e encontrar os sobreviventes.
>
> Já começava a escurecer. Nós queríamos chegar rápido em cima do monte (onde ocorreu o acidente) porque estava garoando e fazia frio. Muitos decidiram não subir, mas eu estava trabalhando e precisava de um tempo para mim. Precisava de um tempo para rezar e refletir. A imprensa ficou lá embaixo. Somente umas dez pessoas da Chapecoense subiram. Aquele era o nosso momento no local do acidente. Assim que chegamos, parou de chover. Abriu um sol lindo e, em seguida, o arco-íris brilhou no céu. Foi lindo. Todos nos abraçamos, choramos, rezamos. Foi um momento maravilhoso. Depois descemos mais leves.

Sete meses se passaram,[1] mas, por tudo o que passamos, às vezes parece que passou mais tempo. O fato de eu continuar trabalhando como assessora de imprensa da Chapecoense, agora no lugar do meu marido, que faleceu na tragédia, me faz estar em contato constante com os jogadores.

Entre eles, o Neto é o que mais me motiva. Quando ele voltou de Medellín, estava muito mal, de muletas, magro, mas fez questão de estar na apresentação da nova temporada. Eu vi o primeiro treino dele com bola e vejo sua mudança dia a dia. Ele sempre teve um papel de liderança no grupo, e muita vontade de ouvir, ajudar e nos motivar; e isso nos faz querer continuar.

Como mãe de dois filhos pequenos e mulher, eu preciso encontrar forças para seguir em frente."

— **SIRLIANE AMARAL DE FREITAS**,
*atual assessora de imprensa da Chapecoense
e viúva do antigo assessor, vítima do acidente,
Cleberson Fernando da Silva*

---

[1] Sirli, como é carinhosamente chamada, cedeu seu relato no início de julho de 2017.

# AGRADECIMENTOS

Aos meus pais, por seu amor incondicional.
À minha esposa e aos meus filhos. O amor de vocês me ajuda a seguir em frente.

Aos meus irmãos e amigos de sangue.

A todos os familiares, amigos e companheiros que se fizeram presentes de uma forma ou de outra.

Ao nosso pastor Carlos, que nos acompanhou em todos os momentos e que foi um verdadeiro capelão na Colômbia, assistindo espiritualmente todos que podia.

A todos os brasileiros, colombianos e cidadãos mundo afora que torceram e intercederam por nós desde o momento em que souberam do acidente.

Eu agradeço a Deus por todo o tratamento que recebi primeiro no Hospital San Juan de Dios e depois no Hospital San Vicente Fundación, em Rionegro.

Sinto uma gratidão imensa por todos os que me assistiram. Cheguei em algum momento a dizer às enfermeiras e à psicóloga que me atenderam que sentiria falta daquele lugar, pois, de fato, todos se doaram e foram altamente profissionais.

À Chapecoense, à CBF, à Amil, à Unimed e a todo o corpo médico e de apoio que esteve e está cuidando da minha recuperação.

A todos os que nos recepcionaram no Brasil e no Hospital da Unimed. O carinho de todos foi tomando conta de mim e me fazendo ver que o sofrimento, quando é compartilhado, tem o poder de unir as pessoas.

À Clarinha, uma torcedora mirim, que me deu uma cartinha assim que saí do hospital. Suas palavras me confortaram e só enfatizaram quanto Deus estava cuidando de mim.

Aos motoristas, bombeiros, enfermeiros, policiais, todas as equipes de resgate, por lutarem contra o tempo em busca de salvar as nossas vidas.

A toda a torcida da Chape e a todos que se uniram a ela em oração e desejo de ver a todos nós bem e vivos. O clamor chegou aos céus.

Minha gratidão ao presidente, aos membros da diretoria, à equipe médica e a toda a equipe de apoio; aos convidados, jornalistas, amigos e companheiros de clube, aos quais não posso mais abraçar pessoalmente. Nós ainda nos encontraremos!

Àqueles que, como eu, ganharam o presente de poder seguir sendo abraçados por aqueles que amam — Alan Ruschel, Jackson Follmann e Rafael Henzel —, por servirem de apoio e entenderem plenamente esta nova caminhada.

À Editora Vida, por me desafiar a registrar esta história e por me dar todo o apoio necessário para escrever este livro.

A Deus, que me presenteou com este novo tempo de vida, porque dele, por ele e para eles são todas as coisas, hoje e eternamente.

*Obrigado, Senhor.*
*Obrigado a todos vocês.*

Mensagem enviada pelo Neto antes do embarque para a Bolívia, referindo-se ao sonho que tiverá poucos dias antes.

Neto em gratidão a Deus por sua carreira no Guarani, no Santos e na Chapecoense.

Helen, Neto, Simone e Helam

**POSSO CRER NO AMANHÃ**

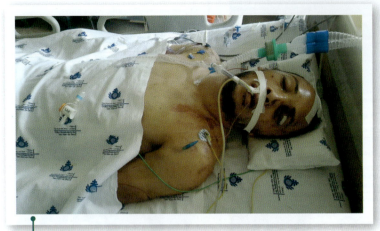

Primeira foto enviada pela Simone para a família do Neto no Brasil, em 01/dez/16, dia em que ela chegou à Colômbia.

Neto após os primeiros socorros, já internado na clínica San Juan de Díos, em 29 ou 30/nov/16.

Neto em coma, entubado, com Simone, em 01/dez/16.

Torcida aguarda Neto em frente ao Hospital da Unimed em Chapecó em 15/dez/16.

Neto chega a Chapecó no Avião UTI cedido pela Amil em 15/dez/16.

Reencontro de Helam e Helen com Neto na noite de 15/dez/16.

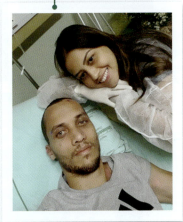

Neto e Simone no hospital em Chapecó.

**POSSO CRER NO AMANHÃ**

Neto e o grupo de Chapecó saindo de um restaurante na Colômbia para se dirigir ao morro em que ocorreu o acidente.

Neto e a família no morro observando o local do acidente, emocionados com o milagre de Deus na vida do Neto.

Homenagem na praça na qual os sobreviventes receberam de volta os pertences que estavam no avião.

Marlon Lengua, principal responsável pelo resgate do Neto, visita o atleta.

Sobreviventes recebem a taça de campeões da Copa Sul-Americana antes de jogo comemorativo.

Time da Chapecoense em jogo contra San Lorenzo, na Argentina, pela Copa Sul-Americana.

**POSSO CRER NO AMANHÃ**

Neto se reaprensenta ao clube, em 06/jan/17, com os novos jogadores.

Na reapresentação ao clube, em 06/jan/17, Neto fala aos novos companheiros da Chape.

Neto é homenageado pelo presidente da Chapecoense na reapresentação, em 06/jan/17.

Depois de meses de reabilitação, Neto volta a treinar em campo.

Neto treinando trote durante reabilitação, com Alan Ruschel.

Follmann, Rafa Alcântara, Alan Ruschel e Neto antes do jogo da Chapecoense contra o Barcelona em agosto/2017.

**POSSO CRER NO AMANHÃ**

Neto visita as dependências da Editora Vida em julho/2017.

**POSSO CRER NO AMANHÃ**